書道授業の実践的研究

谷口邦彦［著］

三省堂

まえがき

　2000年を挟む10年の時代は、急速な社会の変化に加え、学校を取り巻くシステムも大きく変わった。学校週5日制の導入をはじめ、「総合的な学習の時間」が新設されるなど、教師も学習者も意識の転換が求められる状況に迫られた。あれから15年が経過し、我々はまた大きな変革が求められる状況に直面している現在、当時の模索から見えてくるヒントも皆無ではないだろう。

　当時の社会の変化で言えば、情報機器のめざましい進歩とともに、職場や学校へコンピュータが導入された。携帯電話の急速な普及とともに、手紙に替わってメールでのやり取りが普通になり、文字を手書きする場面は限られていく。

　このような中で、学校は情報ネットワークで世界と繋がり、学校の中で閉じていた時代は終わった。また、学校週5日制の導入により、家庭や地域との連携も模索され始める。学習内容の精選による「ゆとり」がうまれるが、限られた授業時間においては効率化も求められていった。

　こうした変化に呼応して、教師の役割にも変化が求められることとなった。特に「総合的な学習の時間」の導入により、教師の役割や指導のスタンスは大きく変わったように思う。課題の設定から課題の探求、課題の解決に至るまで、学習者主体の学習活動が求められたからである。その結果、教師主導から学習者主体へと学習形態は大きく様変わりを遂げることとなった。

　学習者は、それまでの座学中心の学習から、学習者同士が協働しながら課題を解決する学習形態の中で、言葉を使ったコミュニケーションがより一層求められることとなった。知識・技能を身につけることを中核に据えた学習方法から脱却し、自ら進んで課題を見つけ、解決する方策を探り、解決へと向かう。そのような学習過程から、身につけるべき学

まえがき

力にも広い視点からの検討が求められるに至った。

　各教科は旧来の指導過程を見直し、新しい学習方法を模索していく。クロスカリキュラムの創出や合科的な取り組みも行われた。書道の授業にも「学びの転換」が求められたのは自然なことで、学習者主体の新しい学びを創出できるカリキュラムの開発、学習過程の見直し、評価活動の改善等に取り組むことになった。

　本書は、2000年前後の「学びの転換」が求められた時代における、書道授業の取り組みの記録である。情報化、グローバル化が一層進み、「21世紀型学力」が求められる現在から見れば些か今昔の感は拭えないが、書道の授業が「変化」へどう対応しようとしたのか、その一端として記録に留めておきたいと思う。今求められている「アクティブ・ラーニング」における書道の学びを推し進めようとするとき、当時提起した課題がすべて解決できているわけでもない。

　第1章では、学習観の変化と授業研究の方向性について述べるが、まず、知識・技能のほかに書道の学力とはどのようなものか試案を示した。「SECIモデル」を提示し、学習者の探求活動をモデル化することによって見えてくる学力について、各活動ごとにまとめた。なお、このモデルは後に広く活用されることとなる「PDCAサイクル」に先立つものであった。

　次に、書道のお手本主義からの脱却への模索を取り上げる。手本を学習者が自ら見つけるならまだしも、教師から与えられるのでは受け身の学習に終始してしまうことになる。そこで、主体的な学習へと転換するために、「思考」や「認知」的な活動を取り入れる方向性を示した。

　さらに、学習者主体の学習へと転換していくために試みた実践を提示した。ここには、学習者同士が協働していく過程で、どのように高め合っていったか、また、それに付随する教師の役割やスタンスの変化、といった面も意識しつつ、クリアしなければならない課題をあげた。

　第2章は、教育機器としてのコンピュータの活用について、試行錯誤

まえがき

の記録をあげた。現在から見ればありふれた実践ではあるが、当時、新しい機器を授業へ取り入れることによって生徒の学習意欲が高められたり、効果的に課題を提示できたりといった一定の効果は認められた。今後も情報機器の発達は続くだろうが、こうした機器と学習活動とをどう融合していくか、その在り方の一つを提示したものである。

　第3章は、古典作品の基礎的研究の分野から、拓本について考察した研究について若干取り上げた。教師にとって教材研究の重要性は今さら述べるまでもないが、芸術教科として「本物」に触れることの大切さは教師も学習者も忘れてはならない。書道史に関わる研究は、指導法の模索と車の両輪の関係にある。

　ともあれ、書道の歴史は長くそしてその世界は深い。限られた授業時間の中で、教師は適切に切り取って提示できるか。また、学習者はその中に自ら課題を見つけ、探求していくことは可能だろうか。今後の授業実践のたたき台の一つとして活用していただければ幸甚である。

目　次

まえがき　　*3*

第1章　学習観の変化と授業研究の方向性　　9

第1節　芸術科書道における学力とは　　*10*

第2節　書道の学習方法と思考活動との関係　　*31*

第3節　臨書学習と思考活動　　*41*

第4節　学習者主体の学習指導の実際（1）　　*52*
　　　　──高校生の場合──

第5節　学習者主体の学習指導の実際（2）　　*69*
　　　　──大学生の場合──

第6節　手書き文字の個性の教育　　*82*

第2章　教育機器の活用と書道授業　　97

第1節　学習方法の変化と教師の役割　　*98*

第2節　授業への効果的な機器の活用　　*109*

第3章　古典作品の基礎的研究　　　*127*

第1節　楊淮表紀拓本考異　　*128*

第2節　孔宙碑の校碑　　*136*

第3節　皇甫誕碑の校碑　　*148*

第4節　争坐位文稿拓本考異　　*163*

あとがき　　*171*

装丁　岡崎　善保（志岐デザイン事務所）

第1章

学習観の変化と授業研究の方向性

第1節　芸術科書道における学力とは

はじめに

　平成20年改訂の学習指導要領では［生きる力］と［確かな学力］が明確に示された。［生きる力］とは、［確かな学力］、豊かな人間性、たくましく生きるための健康や体力までを含めて構成するが、これからの子どもたちに求められる力であることを前提とし、［生きる力］を「知の側面」からとらえた［確かな学力］の確実な育成を求めている。この［確かな学力］については次のように述べている。

　　　［確かな学力］とは、「知識や技能に加え、自分で課題を見付け、
　　自ら学び、主体的に判断し、行動し、よりよく問題を解決する資質
　　や能力」[1]まで含めた学力。

　ところで、書道の授業にあって、［確かな学力］とはどのような学力なのか。学力を保障する学びとはどのような活動か。それを探る方途として、今求められている［生きる力］の育成を目指す書道授業の在り方を追究していくことにより、教科特有の「学び」が浮かび上がってくるのではないかと考える。学習活動の形態・段階の違いにより、学習者が獲得していく学力の中味と質は異なるだろう。本稿は、書道における［確かな学力］とは何かを探る前提として、書道授業からも多様な学力が導き出せることを確認するとともに、運用に資するための分類・整理を試みようとするものである。

1　書道における生きる力の育成に関して
(1) 書道における学習内容

　図1は、久米[2]による「書道Ⅰ・Ⅱ・Ⅲの内容と全体構造」を図式化したものである。それまでの「臨書」「創作」の柱は、平成元年度版

第1節　芸術科書道における学力とは

図1　書の主な内容と構造（久米1989）

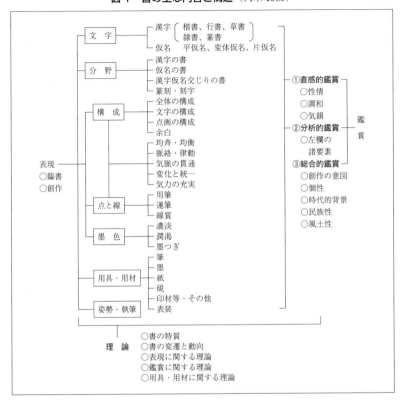

学習指導要領から「漢字の書」「仮名の書」「漢字仮名交じりの書」の三分野の特立に改められ、整理しやすくなっている。

　学習内容は平成11年度版高等学校学習指導要領にあっても書道の本質に関わるような異同は見られない。ただ、「漢字仮名交じりの書」が必修となり、「漢字の書」「仮名の書」は選択して行うこととなった。「漢字仮名交じりの書」は、小・中学校の国語科書写の学習との接続を踏まえた扱いとなり、実用書も含め書写の学習内容を発展的に深めていくというスタンスをとっている。

　ここに示す内容が、書道における「基礎・基本」ともとらえられ、

様々な素材・題材を扱ったり単元学習を行ったりしていく中で繰り返し学習され、徹底が図られていくと考えられる。当然のことながら、「表現」することのみが書道の学習内容ではなく、鑑賞にも重点をおきながら、書道の広い世界を知る。書道史や書道理論を学習すること等も含まれている。

(2) 書道授業が目指す方向性

　安田女子大学の教職科目「書道科教育法Ⅰ・Ⅱ」の授業を始めるにあたり、受講生に高校時代の書道授業で「楽しい」と感じた内容について自由に書いてもらった。大別すると次の5パターンに分類できる。(対象：安田女子大学3年28名)

　①学習環境が工夫されていた（畳の部屋があった、茶道も体験した等）
　②初めて体験する表現形式を扱った授業（篆刻・刻字、ろうけつ染め等）
　③達成感を感じた授業（「九成宮醴泉銘」の全臨に挑戦し、やり遂げた等）
　④自分の興味のある素材を扱ったり、自由に題材を選ぶことができた授業
　⑤教師の人柄、書道への真摯な姿勢が楽しい雰囲気を醸し出していた授業

　上記はいずれも貴重な学習の成果であろう。「楽しい」は、様々な意味を包含しているが、この中には具体的な学習の成果について言及したものは見あたらなかった。ただ、学習の喜び、学習の深まりがあったのではないかと想像されるものも見受けられた。例えば次のようなコメントである。

> 漢字や仮名、漢字仮名交じりの書を書くのもそれなりに楽しかったが、その中で興味がわいたことを、より深めることができた。何よ

第1節　芸術科書道における学力とは

> り自分から進んで、何がしたいのか、どうしたいのか考え、作業していったことが楽しかった。最後に自分が描いていた作品が完成した時の達成感が何とも言えなかった。毎時間いつも充実しており、意欲的に取り組めた。（以下略）　（下線：谷口）

　このような実践ができる教師の力は尊いと思う。このような授業で学んだ学生は、高校時代の良き思い出とともに、確かで多様な学力が身に付き、そして、現在の学習に何らかの形で生きて働いているのではないかと想像される。
　この例をも踏まえ、［確かな学力］を保障する書道学習の目指すべき方向性として次の3点を示す[3]。

> ア　「主体性」について、学習者が「進んで〇〇したい」と思えるような支援の方法が確立されているとは言えない。早急にその方法を確立していく必要がある。他教科で工夫されている具体的な方法にもヒントがあるのではないか。
> イ　「思考力」や「判断力」を育むことに関しては、個性の尊重と同時に、多様な価値を認め合い、まとめたり、共有したりすることを通して、学習者同士が協力し合って本質を見つけ出していけるような活動を取り入れるようにしていく。
> ウ　「創造性」に関わっても、教師主導の学習形態から脱却し、学習者自らの創造活動を支援するというスタンスに改め、見方や考え方を身につけていく方向に転換する必要があろう。

2　学習形態と学力の関係

　書道学習における学力とは何かを明らかにするために、ここでは、模擬的に学習形態を想定し、獲得されるであろう学力をあげてみる。それぞれの学習形態によって獲得されると予想される学力の相違をもとに、［確かな学力］を保障できる学習形態の方向性を探ってみたい。

第1章　学習観の変化と授業研究の方向性

　ここではモデル的に授業形態を扱っており、具体的な学習者が不在の状態でイメージしているため、学校や学習者の実態を考慮に入れていない。「教師主導型」を全面的に否定するものではなく、実際には年間指導計画の中でより良い形態の選択が求められるものであろう。

(1) 教師主導型 a の場合

　例えばカリスマ教師がぐいぐい授業をリードしていくパターン。学習者によっては、押しつけと映ったり、受け身的な学習姿勢が身に付いてしまう危険性がある。現在ではこのような学習形態で行われている例は少ないと思われるが、発問や資料提示に特に工夫が必要となる。学習者の思考力や判断力を引き出す可能性も否定できないが、このパターンを繰り返すと単調で、その場限りの授業になりやすく、知識・技能面での学力の習得が中心となってしまうだろう。

図2　教師主導型 a（臨書活動）

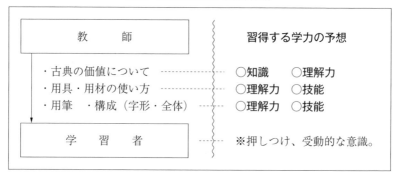

(2) 教師主導型 b の場合

　同じ教師主導であっても、弾力的で活動主体の学習を取り入れる等の工夫を加えることによって、獲得する学力は格段に増えるものと予想される。「調べる」「見つける」などの活動は、主体性に関わる「関心・意欲」を刺激する。また、自分で法則などを発見することによって理解度が深まり、達成感や次の学習への意欲として生きていくと思われる。

第1節 芸術科書道における学力とは

図3 教師主導型b（臨書活動）

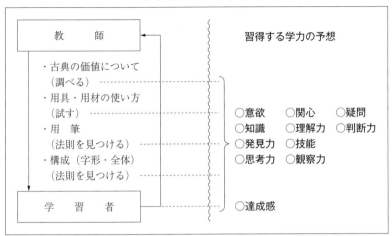

図4 グループ学習を支援する形態（臨書活動）

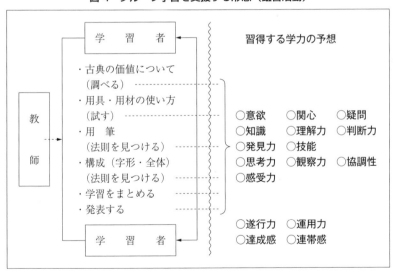

(3) グループ学習を支援する形態の場合

さらに、図4のように、グループ学習などの協同で活動する場面を取

15

り入れると、獲得する学力は増えていくであろう。学習に教師の存在は欠かせないが、教師が学習者の思考力や判断力、情報整理力、遂行力等を伸ばすために、意図して多様な活動を仕組んだ場合、主体的な意味での思考力、判断力が導き出されていくと考えられる。思考力も、学習の深まりに応じて、その質も変わっていくものと推測される。

　しかしながら、筆者の拙い経験から言うと、書道授業にしても、総合的な学習の実践にしても、自ら考え、行動し、まとめ、発表できた授業であっても、授業後に空しさを感じることがある。学習者はよく調べ、グループで一致協力してまとめ、わかりやすく発表しているのに、その空しさは何に起因するものだろうか。

　発表を活動の中心にしている公開授業を参観した際にも、その発表がその後の学習に生きて働くものかどうか疑問を感じることがある。自戒も含めて言うと、調べ、まとめ、発表させることで満足し、それだけで終わってしまっている授業が案外多い。こうした授業からは、［確かな学力］の獲得は難しいのではなかろうか。

　高久[4]が、自主性には、「ほんものの自主性」と「いつわりの自主性」があると指摘しているように、例えば作品を制作し発表し合う場面では、表面的・形式的な「制作」「発表」に終わってしまう可能性を否定できない。今求められている「思考力」にしても「判断力」にしても、その学力の質が問われているのである。

3　［確かな学力］の獲得へ向けて

　「調べる」「発表する」で終わっていた学習の反省を踏まえ、「新しい知を創造する」可能性があると言われる「ナレッジマネジメント」の理論に依拠し、書道学力の分類・整理を試みてみたい。組織において知識が創造されるには四つの知識変換プロセスがあるとするのは、野中郁次郎のモデル概念[5]「SECIモデル」である。Socialization（共同化）、Externalization（表出化）、Combination（連結化）、Internalization（内面化）の四つのプロセスが相互に作用して一段上の知識レベルへ昇華する

図5　四つの知識変換モード（SECIモデル）

プロセスを理論化したものである。

(1) 共同化と暗黙知の形成

　Socialization（共同化）とは、親から子へ、先輩から後輩へ、或いは熟練者から未熟練者へと経験を共有することにより、知識を獲得するプロセスを言う。主として体験を通して、観察、模倣、練習などにより「暗黙知」を形成する。「暗黙知」とは、主観的で言語化が困難な知識のことである。「体で覚える」こともこれに含まれる。「共同化」の段階では、暗黙知から暗黙知を生む。

(2) 表出化―暗黙知から形式知の形成

　Externalization（表出化）とは、個人や組織が体で覚え、統合された暗黙知を、言語のような明確な形式で表すことを言う。さらに個人や集団が獲得した「暗黙知」が統合・共有されて新たな「形式知」が形成される。学習で学んだ成果を相手に伝えるために、文章や言葉、図などにし、グループなどでまとめていく段階である。一人一人の「暗黙知」はグループ内で、客観的な「形式知」へと変わる。

(3) 連結化―形式知から形式知の形成

Combination（連結化）とは、表出化によって明確になった知識を組合せて新たな知識を創るプロセスである。異なった形式知を組み合わせて新たな形式知を創り出す。それぞれのグループなどでまとめた形式知を統合しながら、新たな形式知を形成していく。

(4) 内面化―形式知から暗黙知の創造

Internalization（内面化）とは、このようにして得られた知識をもとに個人が行動し、実践することによって、新たな経験や学習結果が個人の内部に蓄積される状態を言う。この段階では文章などに表わして他人に伝えることが出来ない体験や主観といった知識となって蓄積される。臨書による学習が、共同化、表出化、連結化を通じて、考え方や表現する際のノウハウとなって蓄積されていくのである。さらに、「形式知を暗黙知に変えるためには、書類、マニュアル、ストーリーなどに言語化、図案化されていなければならない。文章化は、体験を内面化するのを助けて暗黙知を豊かにする。」[6]としている。

(5) 知識創造のスパイラル

これら四つのパターンは、「知識のスパイラル（螺旋）構造」として相互に作用しながら循環を繰り返していく。松下電器の「ホームベーカリー」開発グループが新製品を開発した際、いかにして新たな知識を創造していったかを示す[7]。

① （共同化）まず、大阪国際ホテルのパン職人に弟子入りし、職人の暗黙なる秘訣を学ぶ。
② （表出化）次に、この秘訣を松下電器のチーム・メンバーや関係者に伝達可能な形式知へ翻訳する。
③ （連結化）開発チームは、この知識を標準化する。例えばマニュアルや計画書にまとめたり、製品に組み込んだりする。

④（内面化）最後に新製品を創造するという経験を通じて、自分たちの暗黙知を豊かにする。

4　SECIモデルによる書道授業の展開イメージ

　この知識創造のスパイラルを、書道授業にあてはめてみたい。ここでも学習者不在のままイメージしており、実態とずれる部分があるかもしれない。可能性としては、教師主導型から学習者主体の学習形態への脱皮、「考える」「協力する」「判断する」等の活動を導き出しやすい点があげられよう。

イメージ1　楷書の学習の場合

①（共同化）古典の鑑賞や教師の演示から、代表的な楷書古典の歴史的位置づけ、鑑賞の仕方、用筆法等を学ぶ（鑑賞・臨書）。
②（表出化）古典学習の成果を出し合う（発表・コメント用紙）。
③（連結化）それぞれの古典による特徴を具体的に整理する。作品の草稿を作る。（話し合い・まとめ・発表）。
④（内面化）皆でまとめた古典の特徴を生かしながら、各自、楷書作品を制作する（毛筆作品・制作経過の説明・作品集プリント作成）。

イメージ2　漢字仮名交じりの書の作品制作の場合

①（共同化）参考作品の言葉、用具・用材の工夫、構成等を観察する。用具・用材の効果的な使用法を試す。（観察・実験）。
②（表出化）参考作品に書かれている言葉、表現上の工夫を出し合う。新たに試した用具・用材の使い方を紹介し合う。（話し合い・発表）。
③（連結化）形式を決め、書こうとする言葉を出し合う。用具・用材の工夫は効果的か、全体の構成はまとまっているかを確かめ合

> う。作品の質を高めている工夫をまとめる。改めて草稿を作り直す。（話し合い・まとめ・発表）。
> ④（内面化）皆でまとめた工夫を生かしながら、各自、作品を制作する（作品・制作経過の説明・探した言葉集作成・作品集プリント作成）。

　言葉で表現困難な事象を文章化する作業には戸惑いがあろうが、教師は辛抱強く支援することが必要である。従来の展開と異なる点は、「気づき等をまとめる」活動の重視である。連結化の段階では、意見や気づきを出しっぱなしにせず、まとめ、内面化へと生かしていくこと。ここでのまとめ方が、学習の深まりに大きく関係してくるものと思われる。また、作品制作後は、評価も含め、学習の振り返りが見える形にしておきたい。マニュアル作りやストーリー性がポイントである。

5　SECI モデルによる学力の分類・整理

　書道の学習活動を SECI モデルを通して検討すると、図6のような学力獲得の可能性が浮かび上がる。予想の域を出ないが、これほどにも多様な学力を獲得していくことが明確になる。知識変換の段階ごとに主な学力を示している。下位学力として、「態度」「思考力」「知識・理解」

図6　書道授業による学力獲得の可能性一覧（SECI モデルを通して）

SECI	主学力	態　度	思考力	知識・理解	技　能	その他
（共同化）	観察力 感受力	継続性 （我慢強さ）	感受力	知　識 観察力	模倣力	関心・意欲 （目的意識）
（表出化）	表現力 論理力	積極性	表現力	論理力	試行力	言語能力
（連結化）	構想力 創造力	遂行力	整理力 連想力	情報処理力	創造力	言語能力
（内面化）	認識力 運用力	客観性	認識力	応用力	運用力	関心・意欲 （新課題へ）

図 7 SECI モデルと書道授業における学力の分類・整理

「技能」「その他」(順不同)が設定できる。知識変換の段階に応じて、その質の変化を確認することができるであろう。

さらにSECIモデルのスパイラルに当てはめると図7になるが、学習活動として回転させていけば、生きて働く[確かな学力]保障への可能性が見えてくるであろう。

6 高校・大学の連携による遠隔授業の実践と課題
(1) 実践の概要

日時　2003年10月30日(木)第6時限(14:20〜15:10)
対象　広島市立安佐北高等学校第1学年　書道選択生30名
　　　(男子17名、女子13名)
　　　安田女子大学文学部書道文化専攻2年18名(女子18名)
題材　臨書の学習

図8 「学校インターネット3」(CUseeMe Web)

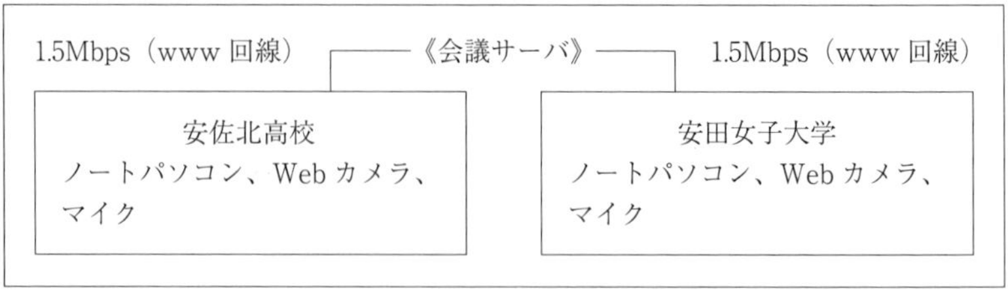

```
1.5Mbps（www 回線）──《会議サーバ》──1.5Mbps（www 回線）
┌─────────────────┐        ┌─────────────────┐
│ 安佐北高校           │        │ 安田女子大学         │
│ ノートパソコン、Webカメラ、│        │ ノートパソコン、Webカメラ、│
│ マイク              │        │ マイク              │
└─────────────────┘        └─────────────────┘
```

内容　高校生が制作した臨書作品を大学生が批評し、今後の学習に生かす。

概要　①高校生は作品をカメラで送り、簡単にねらいを伝える。
　　　②大学生は作品を簡単に批評する。
　　　今回の実践は、当初予定していた授業が高校側の行事によってできなくなったため、急遽、対象を変更して行ったものであり、実質15分程度の交流で終わっている。内容としては、高校生が制作した作品を大学生が批評するという簡単なもの。画質や音質がどの程度のものかを確かめるにとどまっている。

動作環境　動作環境は、ほとんどの学校の情報環境がこの程度だと思われる、ごく普通のインターネット環境を使用して行った。使用機器も特別なものはなく、教師所有のノートパソコン、Webカメラ、マイクといったものである。教室内では、スクリーンに画面を映し出すためにプロジェクターを使用している。音声は、パソコン内蔵スピーカーにマイクを当てて、教室内に流れるようにしている。

(2) 実践の考察

先述したとおりの簡単な批評中心の授業だったため、学習の深まりは十分ではなかったと言えよう。ただ、授業者として遠隔授業に対する感触を実感できたことは成果と言える。また、現時点で課題が山積していることは、次の生徒・学生の感想からもわかる。

第1節　芸術科書道における学力とは

安佐北高校

○とーっても、はずかしかった。①またこんなかたちで、評価してもらいたいです。今度するときは2校だけじゃなく、たくさんの学校とやってみたいです。

○思ったよりもそう簡単にいくようなものではなさそうでした。画像もきれいではなかったけれどリアルタイムでそれに一対一で話した。自分は体験してみて最初は戸惑った。①

○僕は作品を見てもらってないけど、見てるのは面白かったし、あっちの人が感想を言って、そのことが自分もそう思うことがあったし、自分はわからなかったけど、こんなところが悪いとか言って参考になった。後もう少し長く時間があったら良かった。

○先生以外の人に評価をしてもらうのもいいと思ったし、面白いやり方だと思います。③出ていた人は恥ずかしそうだった①けど、いい経験になったと思います。こんなことができて良かった。もっと書道がうまくなりたい。

○面白い試みだと思った。今回は初めてだったから、批評してもらってた人たちもかたくなってたけど、回数を重ねればすごく良い授業になると思う。身内ではない人に作品を見てもらうのも新鮮で参考になる。こんな授業が日常になるとうれしい。③

安田女子大学

○学校インターネットで、その場にいなくても、話や作品が見られてよかった。でもこっちの画像が向こうに映らなくて残念だった。②

○画像がもっと鮮明だといいと思いました。この画像だと、線質など細かい部分が見えないので残念でした。②

○今までにやったことのない授業で、このような授業形式があるのかと思いました。うまく回線がつながらなかったけど、高校生の作品は、私たちが普段気をつけて書いていることにとらわれていないとも思えました。

○こういうテレビ電話を使った授業は初めての経験でした。画像があまり鮮明ではなかったので、もっと画像が鮮明になればいいと思います。②

○恥ずかしがらずにゆっくり的確に話せば良かった①なと思いました。

○新しい授業ですごく新鮮でした。楽しかったです。次回はもっとうまく、スムーズにできれば、さらによいものになるのではないかと思います。自分自身、しっかり批評できる人になりたいなと感じました。③

○書道の授業はあまり楽しいっていうイメージがなかったけれど、こういうのを取り入れていけば、少しは楽しくなると思う。③

|授業の反省①について|……生徒同士の交流は、カメラに対する「照れ」があり、すぐには難しい。音声は明瞭だが、早口になると教室全体では聞き取りにくくなる。周到な準備・練習が必要だと思われる。

|授業の反省②について|……画像は、辛うじて動きがわかる程度。しかし、毛筆による演示には対応できるのではないか。解像度不足はいかんともしがたいが、スピードの遅さもこのシステムの限界だろう。また、安田女子大学の画像が安佐北高校に送れない場面があり、昼間の混雑したネットワークを介してのやりとりの難しさを実感した。

|授業の反省③について|……学習意欲の喚起という面では成果があったように見えるが、学習の深まりによる意欲とは言えない。当然のことながら、活用方法の吟味が求められる。このことに関わっては、(3)以降で改めて提案したい。

|システム運用上の課題1|……授業を行うにあたり、サーバ管理者の協力が必要になり、十分な時間と周到な授業計画が求められる。「ファイヤーウォール」という各校のセキュリティに関わる問題があり、サーバのポートを安易に開けることができない状況がある。公立学校の場合は、教育委員会との連携も必要となる。いずれにしても、日常的な授業になるまでの実践の積み重ねが必要である。

|システム運用上の課題2|……現在のインターネット環境では、速さ、画質が物足りない。しかし、特設のシステムで行うには費用面が問題となるし、限られた機関や学校同士しか結べないということになる。できる限り安価で簡便な機器と、どこの学校でも結べるようなシステムの構築が望まれる。

　今回は1.5 Mbps程度の帯域を使用したが、授業で活用するには不満がある。全国規模で画像の送受信ができることを視野に入れた広域ネットワークの環境整備が求められるところである。また、理論的な数字と実際のやりとりは必ずしも一致せず、カメラやマイクのセッティング、相手側のプロジェクターの使いこなし等、ここでも実践の積み重ねによるノウハウの蓄積が求められる。

第1節 芸術科書道における学力とは

(3) いわゆる遠隔操作による学びの可能性

　今回の高大連携の遠隔授業では、大学生が高校生の作品を批評するというものであった。短時間で、しかも直感的な批評を一方的に伝達するだけでは成果が上がるはずもないが、意味のない授業であったわけではない。前掲、双方の感想からは成果のいくつかを見出すことができよう。

　　大学生……高校生の素直な表現等から、各自の制作態度を見直す機会
　　　　　　となった。
　　高校生……第三者から批評されることによって授業が新鮮に感じられ
　　　　　　ると同時に、学習意欲につながった。

　しかしながら、ここまでの成果は、主に交信した個人に限定されてしまう。他の学習者は、いわば観察者になってしまっていたのではないか。ただし、今回のような簡便な機器で行う限り、教室全体でやりとりするのは無理がある。意見の交換はあるが、そのやり取りで終わってしまう授業を、本稿では「交流授業」と呼ぶ。図9はそのイメージ図である。

　試みに実施した今回の遠隔授業は「交流授業」にとどまってしまっているが、さらに学習の深まりが期待できる学びを保障する授業にしていくためには、「SECIモデル」で言えば、「表出化」「連結化」を大切にする学習活動を取り入れることで可能性が出てくるように思われる。ここでは、「表出化」「連結化」における書道の学習活動を当てはめてみたい。

　　表出化……事象や情報を自分の言葉にする作業。および、伝達可能な

図9 「交流授業」のイメージ

言葉に翻訳する活動。
(例)・作品を見て、気づきを言葉にする。→批評の観点を絞り、的確な評語を探そうとする。
・批評された要点をまとめる。→自分以外の批評も合わせてまとめようとする。
・交信の様子から気づきをまとめる。→共有できるポイントを見つけようとする。

連結化……言葉を通して教室内でまとめる活動。
(例)・批評したことをまとめる。→互いに観点や評語は的確であったか確認しようとする。
・批評されたことをまとめる。→互いに共有できるポイントを見つけようとする。
・その後の学習目標をまとめる。→互いに制作に当たっての留意点を確認しようとする。

今一度、図6「書道授業による学力獲得の可能性一覧」に当てはめ、獲得が予想される学力の具体例を示す。

表出化―表現力……気づきを的確な評語に翻訳する力。
　　　　論理力……観点を絞って的確に批評する力。まとめる力。
　　　　積極性……進んで気づきを出し合ったり、互いに高め合おうとしたりする力。
　　　　試行力……気づきを出すためなどに、進んで試行錯誤しようとする力。
　　　　言語能力……気づきや批評の際などで、的確な言葉を使って伝える力。
連結化―構想力……どんな作品にしていきたいか等をまとめる力。
　　　　創造力……新しい作品を創り出そうとする力。
　　　　遂行力……あきらめないで最後までやり遂げようとする力。
　　　　整理力……批評や気づきをまとめる力。
　　　　連想力……作品等の具体的なイメージを構想していく力。

情報処理力……批評や気づきを取捨選択して生かしていこうとする力。
言語能力……まとめる作業などで、的確な言葉を使って目標等を示す力。

このように、言語能力の獲得を基盤に置きながら、事象や情報を自分の言葉にする作業、さらに各自の言葉を教室内でまとめていくという活動を重視していくことによって、知識・技能に加え、多様な学力を獲得していけるようになるのではないかと考える。図10はその授業イメージである。

従来の授業展開では、気づきを出し合い、すぐに表現活動へと展開していたのではないか。批評後、批評したことを教室内で共有することなく、すぐに表現活動へと展開していたのではないか。従来と異なる点は、「気づき等をまとめる」活動の重視である。「連結化」の段階において、意見や気づきをまとめ、「内面化」へと生かしていくことがポイントになる。

「表出化」の段階では、表現困難な事象や情報を言語化する作業に戸惑いが見られようが、教師は辛抱強く支援することが必要になる。コメント用紙や板書の工夫は、他教科のそれと変わらない。

図10 「学びの可能性」のある授業イメージ

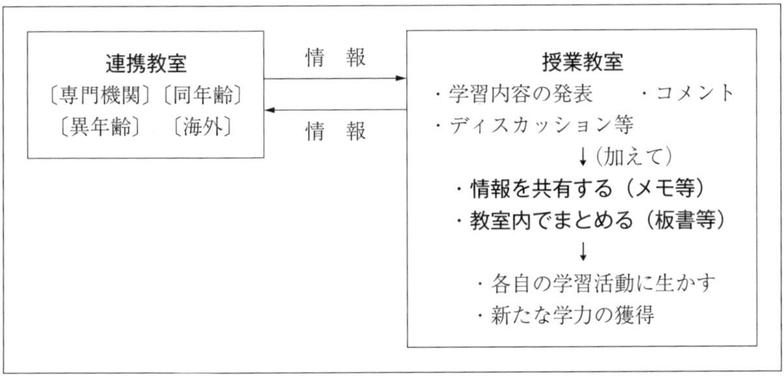

連携教室		授業教室
〔専門機関〕〔同年齢〕〔異年齢〕〔海外〕	⇄ 情報 / 情報	・学習内容の発表　・コメント ・ディスカッション等 ↓（加えて） ・情報を共有する（メモ等） ・教室内でまとめる（板書等） ↓ ・各自の学習活動に生かす ・新たな学力の獲得

(4) いわゆる遠隔授業の授業パターン

現在、主に行われている授業パターンとしては、「講義型」「ディスカッション型」「コメント型」「課題提示・意識づけ型」などがあろう。加えて「単発型」「継続型」等の授業計画を組み合わせると、授業パターンは多種多様になる。学習内容にふさわしい授業パターンを選択することは言うまでもない。

ただし、情報の送受信のみに終始するのではなく、その情報をもとにした教室内での学習活動を重視していきたい。情報交換にもそれなりの意味はあろうが、たとえ「講義型」であっても、その講義内容を教室内で「まとめ直す」という活動がなければ学習の定着は考えにくい。

おわりに

今後も高校・大学の連携を密にし、高校生と大学生との遠隔授業を進めていくつもりである。異年齢間での授業では、大学生の書きぶりや作品の刺激によって高校生の表現技能の向上が予想される。例えば、古典作品の臨書授業では、次のような展開で行ってみたい。

①双方同じ古典の同じ部分を用意（プリント）。古典の印象や特徴をまとめる（コメント用紙・発表・板書）。
②まとめを交信する（マイク）。
③再度、教室内で特徴をまとめ、臨書の際の目標を決める（発表・板書）。
④臨書活動（半紙）。
⑤大学生（高校生）による制作意図の発表（数人を指名・マイク・カメラ）。
⑥発表を聞き、あらかじめ用意した古典とプロジェクターに映された学生作品を、高校生（大学生）が質問・批評する（数人を指名・マイク・他の学習者はメモを取る・プリント）。
⑦大学生（高校生）による回答、説明（他の学習者はメモを取る・プリント）。

第1節　芸術科書道における学力とは

⑧再度、教室内で目標を絞る（発表・板書）。
⑨臨書活動（半紙）。
⑩完成作品を見せ合う（カメラ）。

　さらに、大学生が教師役となって、模擬授業を行うと言うことも可能性として考えられよう。いずれも現時点では実践で確かめることはできていないが、こうしたシステムを活用することで書道における学習活動が深まっていくのかどうか、引き続き追究していきたいと考えている。
　テレビ会議システムを活用した授業では、リアルタイムで情報を学習に活用していけることや、学習した内容を情報として交換し合うことが可能である。運用上の問題は山積しているが、それをクリアしても、学習活動が成り立つかどうかは別の問題である。本稿では、書道遠隔授業における活動例を知識創造モデル「SECIモデル」に当てはめ、多様な学力獲得の可能性を示しながら、学習の深まりが期待できる授業への方向性を提案した。
　システム運用上の課題としては、音声面、視覚面ともに改善の必要を感じている。特に視覚面では、速さ、鮮明度、画面の大きさについて改善していきたい。ただし、安価で手軽に利用できる機器でなければ遠隔授業は定着していかないだろう。現状の機器で何ができるかを考えるとともに、設備上の不満を払拭するよう授業改善を目指していくべきである。
　授業展開における課題としては、現時点では、学習者同士が活発に意見交換をするという活動は考えにくい。授業の反省①に示した通り、学習者のこうした授業に対する慣れが必要で、日常的な授業になっていくことが望まれる。
　ここまで［確かな学力］とは何か、書道にあてはめながらその内容について吟味してきた。本稿に示したモデルは試案に過ぎないが、今後の実践を通して修正・再整理されるものと思う。意欲的な実践の積み重ねを待ちたい。

第 1 章　学習観の変化と授業研究の方向性

注
(1) 文部科学省 Web ページ。http://www.mext.go.jp/b_menu/shingi/chukyo/chukyo0/toushin/03080701.htm（2003.10 閲覧）
(2) 久米公「高校『漢字仮名交じりの書』特立の背景、意義、授業の工夫」『墨』133 号、芸術新聞社、1998、pp.60-63。引用段階において、表現の領域名の順序を平成 11 年度版学習指導要領に対応するよう修正している。
(3) 拙稿「新しい学びを創造する書道教育へ向けての試論」『書写書道教育研究』第 15 号、全国大学書写書道教育学会、2001、pp.51-60。谷口は、先に学習者の視点にたつ教育の必要性から、「主体性」「個性」「創造性」を学習の中心にした書道教育への転換を提案した。
(4) 高久清吉『教育実践の原理』協同出版、1970、pp.102-106
(5) ハーバード・ビジネス・レビュー編集部訳『ナレッジ・マネジメント』ダイヤモンド社、2000、pp.43-50
(6) 野中郁次郎他『知識創造企業』東洋経済、1996、p.103
(7) 前掲『ナレッジ・マネジメント』p.48

参考文献
藤村裕一「インターネット活用による学習活動―調べ学習から創造性へ―」『教育展望』教育調査研究所、2003.10、pp.40-47

第2節　書道の学習方法と思考活動との関係

はじめに

　書写書道における学習者研究の分野は、その必要性が言われながらも未だ教育研究に位置づいていない。まして、書道の分野においては皆無の状況にある。書道の学習は表現の学習を中心に展開されていくのが一般的だが、学習者の態度や制作された作品のみから学習者を捉えるのでなく、思考活動や認知活動、さらに運動能力も含めた把握が必要と考える。本節は、他の分野での知見を参考にしながら、楷書古典を用いた書道における学習（指導）方法と思考活動、認知活動との関係について試案を提示しようとするものである。

　問題意識としてあるのは、学習者の、一般的には「自己学習力」と言われるものの欠如である。文字を書くことの学習は、手指の運動のみならず、「筆跡は脳跡」と言われるように脳の働きと密接な関係にあることが明らかになってきた。この自己学習力を働かせる原動力となるのは、思考や認知といった脳の働きによるところが大きいと考える。

1　書道の学習活動

(1)　書道の学習活動の分類

　書道の学習活動は、表現、鑑賞、理論に分類できよう。高等学校学習指導要領では表現、鑑賞からなっている。表現には臨書と創作があり、さらに、表現と鑑賞は表裏一体の関係にある。その側面から理論が支えるという関係にある[1]。

(2)　書道の学習形態

　書道の学習は、学校などの教育機関のみで行われるのではなく、私

第1章 学習観の変化と授業研究の方向性

塾、公民館やカルチャーセンター、グループまたは個人と様々である。学習の場が異なっても、表現・鑑賞・理論の三つの領域を学習することに変わりはない。さらに、指導者と学習者という関係についても、後述する個人内での学習活動が行われるならば、必ずしも指導者が必要というわけでもない。

(3) 書道の学習活動の基本的な過程

この三つの領域について、どのように学習活動が展開されていくのだろうか。個人、指導者、場所、立場による違い、またどのような学習段

図1 鑑賞、臨書、創作の基本的活動過程と、相互の関係（久米1989）

A 鑑賞の基本的活動過程
1. 直観的鑑賞
2. 分析的鑑賞
3. 総合的鑑賞

B 臨書の基本的活動過程	
1. 対象の情趣の把握（直観的鑑賞）	〈全体〉
2. 表現原理・技法の分析 　（分析的鑑賞） 　(1) 全体構成の特徴と原理 　(2) 字形構成の特徴と原理・技法 　(3) 点画の特徴と原理 　(4) 用筆・運筆の特徴と原理・技法 　(5) 用具・用材の適性	 〈部分〉
3. 試書 　上記1・2に基づく初書	
4. 問題点の検討と、解決法の把握 　(1) 初書にみる既解決部と未解決部の弁別 　(2) 上記2との照合による解決法の予測	
5. 練習 　(1) 上記4に基づく問題解決活動 　(2) 意欲的反復実習	
6. 中間まとめとその検討 　(1) 中間浄書 　(2) 既解決部の確認と、未解決部の焦点化 　(3) 解決法の再確認	
7. 再練習 　未解決部の解消、習熟による能力化	
8. まとめ 　(1) 仕上げ（清書） 　(2) 成果の確認、反省	
9. 発展 　(1) 背臨 　(2) 他字への適用 　(3) 倣書、創作への発展	

C 創作の基本的活動過程	
1. 表現動機・表現基盤の形成 　(1) 意欲・感興の触発及び高揚 　　①名跡鑑賞による触発・高揚 　　②臨書による触発・高揚 　　③素材（語句・詩文）による触発・高揚 　　④用具・用材による触発・高揚 　　⑤他の芸術や自然美等による触発・高揚 　　⑥生活上の要件や感動等による触発・高揚 　(2) 表現意図・主題の焦点化 　(3) 素材（語句・詩文）の選定	〈発想〉
2. 表現法の検討 　(1) 表現様式・規格の決定 　(2) 用具・用材の選定 　(3) 書体・書風の決定 　(4) 構成の吟味（全体→部分） 　(5) 運筆法・用筆法の想定 　(6) 草稿の作成	〈構想〉
3. 表現 　初書―推敲―再表現	〈表現〉
4. 仕上げ 　清書、押印、表装	
5. まとめ 　感想、反省等	〈鑑賞〉

階なのかによって様々である。久米は学習の基本構造として図1のように整理した。「立場や観点によって異論のあることも予想される」と断っているが、教育現場で行われる基本的な学習構造を示している。

(4) 書道の学習活動と思考・認知

例えばこの基本構造の具体的な学習活動に付随して、「分析」「弁別」「予測」「把握」「解決」「焦点化」「反省」「適用」「発展」等の文言が見える。これらがまさに思考活動、認知活動そのものである。従前から学習の基本構造に組み込まれている思考活動、認知活動であるが、学習者一人一人の把握が行われてきているわけではなかった。

2 思考活動と認知活動

(1) 書道の技能の整理

書道の技能については、手指で筆等を使うことから、運動面中心の技能と考えられている。従来から行われている、例えば指導者が示範し、その動きを真似るような指導法。極めてシンプルなこの指導法においても、学習者は指導者の筆の動きを把握し、自らの動きと比較し、自らができていない動きを整理する。そして、練習へとつなげていく。さらに、別の文字へと応用していく。といった活動を学習者自らが展開できなければ技能として身についていかない。

つまり、思考活動や認知活動は、書道でこれまで行われてきた指導の中にも見出すことができるのであるが、指導者にも学習者にもその効果や必要性が整理把握できていないことが問題としてあったように思われる。従って、書道の技能は、脳の動きである思考・認知から手指の運動に至る一連の活動と捉え、運動面のみならず思考面、認知面をも関連させて考えていく必要がある。

(2) 心理学における思考研究

市川[2]は「思考」を「一般には、ある状況にたいして反射的に反応

するのではなく、複雑な内的過程を経て判断や行動が行われることをさしている。思考には、推論、問題解決、理解、概念形成などの機能が含まれる」と述べている。思考は第三者の目で捉えられ、その特性を明らかにしようと試みられてきたが、1970年代以降、自己の思考傾向についてどの程度正しい知識をもっているか、思考という認知活動そのものを認知の対象としようとする「メタ認知」という動きが出てくる。

(3) メタ認知の概念

三宮[3]は、メタ認知について次のように定義している。「概念規定の問題には、まだ不明確な部分も残っている。しかし、メタ認知が「認知についての知識」といった知識的側面と、「認知のプロセスや状態のモニタリングおよびコントロール」といった活動的側面とに大きく分かれるという点では、研究者間でほぼ一致をみる」と述べている。また、「自分あるいは他者に固有の認知傾向、課題の性質が認知に及ぼす影響、あるいは方略の有効性についての知識をメタ認知的知識と呼ぶ、そして、認知プロセスや状態のモニタリング（監視 monitoring）、コントロール（制御 control）あるいは調整（regulation）を実際に行うことをメタ認知的活動あるいはメタ認知的経験などと呼ぶ」と定義している。

(4) 書道の学習活動とメタ認知

三宮のまとめた概念[4]をもとに、書道の学習活動で具体的に示すならば、次のようになろう。

＜メタ認知的知識＞
- 人間（自分や他者、人間一般）の認知特性についての知識
    「私は行書は得意だが、楷書は苦手だ」「Aさんは作品を上手くまとめるのが得意だが、Bさんは線質がきれい」「たくさん練習した作品は出来が良い」
- 課題についての知識
    「楷書は書き順を間違えると字形がくずれる」

第2節　書道の学習方法と思考活動との関係

図2　メタ認知の分類（三宮 2008）

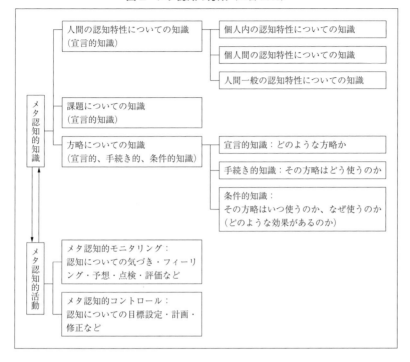

- 方略についての知識

　「淡墨を使ってみよう」「一度濃く磨り、後で薄めた方が良い墨色になる」「淡墨を使うと幻想的な作品ができる」

＜メタ認知的活動＞

- メタ認知的モニタリング

　「この古典は私には難しそう」「この詩句なら○字を目立たせることで良い作品ができそう」

- メタ認知的コントロール

　「思ったより変化があってまとめにくい」「予想に反して清書まで時間がかかりそう」「スピード感が表現できていないのは墨色が悪かったからだ」

3　書道の学習活動と思考・認知との関係
(1)　思考や認知活動はどう学習活動に関係していくのか

　書道の学習活動における思考・認知の役割は、学習活動を活性化するとともに、学習内容の定着を確実にするものと予想される。「基本的活動過程」に含まれる「分析」「弁別」「予測」「把握」「解決」「焦点化」「反省」「適用」「発展」といった従来行われてきている活動を、より科学的な認識のものとに実践できる可能性がある。多岐にわたる書道の諸活動の具体的な内容を、抽象化された認識へと帰納していくことで一定の学力の定着へと結びつけていけるものと考える。

　　　ア　鑑賞の基本的な活動過程（鑑賞方法の明確化）における認識
　　　イ　臨書の基本的な活動過程（書道技能の法則化）における認識
　　　ウ　創作の基本的な活動過程（表現意図の具現化）における認識

　書道の学習活動と思考・認知との関係は、久米の「基本的活動過程」（図1）から、上記三つの認識にまとめられる。これらについて具体的な内容を整理してみたい。

① **ア　鑑賞の基本的な活動過程（鑑賞方法の明確化）における認識**
　書作品は、抽象化された文字を構成する点画が、図1に整理される諸過程を経て表現されている。抽象化された書作品の表現を鑑賞するのは、他の芸術作品と比較して難易度の高い活動である。「誰が書いたのか」「何が書いてあるのか」「どのように書いてあるのか」が手がかりになるものの、学習者にとっては根気のいる活動になる。
　書の鑑賞は、「直観的鑑賞」「分析的鑑賞」「総合的鑑賞」と三つの段階で考えられる。「直観的鑑賞」では、作品から受ける印象をあげる。稚拙な言葉でも良い。「分析的鑑賞」では、表現されている方法について、古典作品であれば、図1のB−2における表現原理・技法の分析を構成する諸要素から、また、創作作品であれば、図1のC−2における、

第 2 節　書道の学習方法と思考活動との関係

筆者の表現動機や表現法の工夫について分析していく。「総合的鑑賞」では筆者、内容とともに、「直観的鑑賞」「分析的鑑賞」をまとめていく。

「鋭い感じがする」。なぜそう感じたのか。「起筆の角度が鋭角的に書かれている」「送筆部分の筆圧が軽い」「文字間がたっぷりとられている」これらをまとめ、「筆者は欧陽詢だ」「唐時代の作品の特徴は整っている」などにつながる。

② イ　臨書の基本的な活動過程（書道技能の法則化）における認識

すぐれた筆跡を見て習うのが臨書である。書の古典の特徴を瞬時に把握することは難しい。臨書は鑑賞活動と表裏一体のものであり、書かれた作品を追体験する臨書を突き詰めていくと、鑑賞の深まりへとつながっていく。

対象を把握することから臨書は始まる。表現原理、技法を一通り把握する。そして、①試書→②問題点の検討と解決法の把握→③練習→④中間まとめとその検討→⑤再練習→⑥まとめ→⑦発展の流れで学習は進む。例えば、対象の古典は、学習者自身にとって難易度はどうか、用筆のポイントはどこにありそうか、はっきりとした意図をもって試書に臨む。試書における課題の把握において、自らの文字を直視できるか。試書における問題点や解決方法の明確化。それが練習への意欲につながる。予測が的確だったか。中間まとめで古典のみならず、試書との比較を通して、さらに厳密に問題を検討する。再練習。まとめ。そして成果の確認。さらに他の文字への転移発展を図り、背臨や倣書へ。

一連の活動から、古典に包含されている技能の法則性へとまとめていくことが求められる。まとめられた法則は書道技能として学習者へ定着する。

③ ウ　創作の基本的な活動過程（表現意図の具現化）における認識

自らの発想や意図から表現方法を決定し表現するのが創作である。既

成の作品の模倣になりがちになるのは、発想の手がかりがつかめないためである。名跡の鑑賞、臨書からの発展、素材となる詩句や言葉、用具・用材からの触発高揚、他の芸術や自然からの触発高揚、生活からの感動や触発高揚などが手がかりとなる。

意図や主題の焦点化とともに、素材の決定など表現基盤を確実にする。次に、表現方法の検討が求められる。草稿の作成の前に、規格の決定、用具・用材の選定、書体・書風の決定、全体構成の吟味などである。そして、実際に表現する。試書、推敲、再表現。清書、押印、表装。鑑賞とまとめの手順となる。

一連の活動では、発想段階からの表現意図の明確化が求められる。表現意図を具現化していくのが創作における学習活動となる。

④ 書道の学習（指導）における思考・認知活動の意義

指導者の手順通りに学習活動が進んだとしても、技能を含む学力の定着は難しい。学習過程の諸活動における、鑑賞方法の明確化、書道技能の法則化、表現意図の具現化は、思考・認知活動によって活性化され、明確化され、学力として定着する。最終的には「書道の学力」の全体の認識へいたるまでの、認知面を充実させることにつながっていくものと考えられる。

(2) アにおける思考・認知活動の関わり

① 鑑賞の基本的な活動過程と思考・認知活動

①-a 「直観的鑑賞」における思考・認知活動

「直観的鑑賞」の場合、作品を見て抱いた印象は反射的な思考であるからあげやすい。ここでは、あげた印象を他の学習者の印象と比較することによって、個人内での認知が成り立つ。「私のあげた印象はみんなと大体同じだ」「私の見方はみんなとは違う」など。モデル例をあげると次のようになろう。

「作品を見て受けた印象をあげてください。」（課題の把握）

↓

「(鋭い感じの作品だ)」「(ゆったりした感じがする)」

↓

「感じた印象を出し合ってみましょう」「受ける印象はいろいろありましたね」

↓

「みんなと大体同じだ」「私の見方はみんなとは違う」(個人間の認知特性の知識)

①-b 「分析的鑑賞」における思考・認知活動

「分析的鑑賞」の場合、ここでの情報は一気に増える。上掲の図1の中段の要素全てが情報であり、その情報の整理には図1が有用である。学習者はこれらの要素から作品の特異点をあげていく。例えば、長い点画が目立つだとか、起筆の角度や転折部分の用筆など。異なる作品を示して「比較」させることで、書きぶりの違いが明確になるかもしれない。モデル例をあげると次のようになろう。「九成宮醴泉銘」の場合。

「教科書体の「宮」字と比較して異なる書き方をあげてみましょう。」(課題の把握)

↓

「口と口の間のノがありません。」「一画目が下へ出ています。」「起筆が鋭角的に書かれています」……(視覚情報を基にした思考)

↓

「他の同じ「宮」字を見てみましょう。」(発展的視覚情報の収集)

↓

「同じように書かれています。」「失敗でなく意図して書かれているかも」(メタ認知的コントロール)

↓

「どんな法則に則って書かれていますか」(発展的課題の把握)

↓

第1章　学習観の変化と授業研究の方向性

「上下の関係の文字は中心がずれる」「右側に広い空間ができるように工夫されている」(メタ認知的知識：課題についての知識)

ここでの認知活動では、具体的なものを抽象化することによって、その法則性がより明確化されていく。

具体的な事項	→	抽象化された法則
・点画同士の接し方 ・画間のとり方	→ 窮屈に見えない 　ように工夫	「厳格な決まりに則って書かれている。」
・上下の関係 ・横画の方向	→ 右側へ広い空間を 　作り、構築的な工夫	

注
(1)　久米公『書写書道教育要説』萱原書房、1989、p. 253
(2)　市川伸一編『認知心理学4 思考』東京大学出版会、1996、p. 1
(3)　前掲書、p. 158
(4)　三宮真智子編『メタ認知』北大路書房、2008、p. 9

参考文献
久米公『書写書道教育要説』萱原書房、1989
佐伯胖『理解とは何か』認知科学選書4、東京大学出版会、1985
市川伸一編『認知心理学4 思考』東京大学出版会、1996
三宮真智子編『メタ認知』北大路書房、2008
松本仁志「書写の学習指導方法と認識活動の関係―比較を中心に」『書写書道教育研究第11号』全国大学書写書道教育学会、1997

第3節　臨書学習と思考活動

はじめに

　書道の学習指導は教師（指導者）による実技指導を中心に展開される場合が多い。学習者にとっても「書けるようになった」という達成感、成就感が伴わない学習は書道の学習ではない、という先入観があり、これはなかなか払拭し難いものがある。このことは、学生が教育実習先で「うちの生徒は書くことが好きだから練習時間を多く取るように」という指導を受け、実技中心の指導案が大半を占めることからも窺える。実技に関して言えば、練習時間は多い方が良いに決まっているが、授業時間には限りがある。ここで問題にしたいのは、書かせることが中心の指導では、教師が書いて見せる（あるいは手本を見て書かせる）など、教師の経験と技能に頼る授業に陥ってしまうことにあり、指導者がいなければ（指導者から手本をもらわなければ）書道の学習が成立しないという点にある。

　高等学校学習指導要領にも長らく「生涯にわたり書を愛好する」という文言があるが、この中身は「書く」ことばかりではなく、「見て楽しむ」ことが含まれることを忘れてはならない。音楽や美術に比べ、書の鑑賞者が少ないと言われるのは、いまだにこの学習過程の偏りが修正されないことに要因の一つがあるように思われる。

　本稿は、高等学校芸術科書道の授業改善を想定し提案しようとするものであるが、大学における授業、さらに生涯教育の場においても応用できるものと考える。ここでは臨書学習における学習過程の改善に関して思考活動の展開の必要性を取り上げるが、創作学習においても、さらに鑑賞分野においても思考活動の展開は同様に求められるものと考えている。もちろん、筆者の日頃の授業実践にも多くの改善すべき点があるこ

とは認識しており、このことも本稿の前提となっている。

1　思考活動導入の必要性
(1)　臨書学習の目的
　「臨書」とは「古典（古人のすぐれた筆跡）を見て書くこと、また、書いた作品をいう」[1]と言われるように、書の学習の基礎にあたる。「すぐれた筆跡を見て書く」ことは、特に形臨においてはそのすぐれた筆跡そっくりに書くことでもあり、思考を差し挟む余地はないように見える。せいぜいその筆跡との違いを見つけ、修正していくことによって近づけるか、といったレベルにとどまる。
　「臨書の目的は、単に模倣することではなく、古典を学ぶことをとおして、書の芸術の根源を探り、創作の秘密を学ぶこと、おのれ自身の書を創造することにある」とも言われるように、「古典を学ぶ」とはそっくりに書くことにとどまらず、その筆跡の有する「すぐれた」部分を学ぶことであろう。「すぐれた」部分は、その古典の持ついわゆる特徴にほかならない。

(2)　臨書学習における古典の特徴をあげるために
　教育実習生の陥る授業展開に、授業の導入にいきなり「この古典の特徴をあげてください」というものがある。この発問にすぐさま答えられるほど書の古典はわかりやすいものではない。書道の学習過程の中で「書の芸術の根源を探る」ためには、学習者にもわかりやすいシンプルな流れで視点を整理し直す必要があるだろう。すなわち、図1のような学習過程である。

(3)　思考活動の一例（「九成宮醴泉銘」の文字構成から）
　九成宮醴泉銘（欧陽詢筆632）は明快な法則に則って書かれている。楷書学習のための基本古典の位置づけにより、高等学校書道Ⅰでは必ず取り上げられる。

第3節　臨書学習と思考活動

図1

> すぐれた筆跡に含まれる書き方に着目する
> （例えば学習者自身の書き方との違いを見つける）**（見つける）**
> ↓
> なぜそのように書かれるのか考える**（考える）**
> ↓
> 書き方の原則をまとめる**（まとめる）**
> ↓
> **古典に含まれるすぐれた部分（特徴）が理解される**

　池田は『中国書法に学ぶ（第１回・楷書＜九成宮醴泉銘＞①〜④）』[(2)]で、「九成宮醴泉銘」に見られるいくつかの法則をまとめた。「いろんな視点から観察することが出来て初めて発見できることで、初心者が見つけ出せるような内容ではありません」と池田氏は言うが、その一字一字の文字構成の工夫を見いだす活動を抜きにして、「九成宮醴泉銘」を学習する意味はないと考える。上述のシンプルな学習過程の導入により可能となる。

　例えば、高等学校の書道教科書に取り上げられる部分に「立」字がある。初めて臨書するときに、この字に含まれる工夫を見つけることは、池田の言うとおり、恐らく無理であろう。４画目までの部分は、全体の中心より左へずれている、工夫である。まず、このことを「見つける」活動が求められる。

　次に、なぜこのように書かれるのか「考える」活動が求められる。そのためには、たまたま失敗したのか。他の文字に着目してみる必要が出てくるだろうが、失敗したのでないのは同じページに出てくる他の数文字を見れば容易に納得できよう。上下の関係の文字では、中心移動が施

43

されていることが見出せる。

　ここで想定される思考活動の一例に、「なぜ中心移動が施されているか」があげられよう。小中学校書写における「字形の整え方」では、「中心をそろえる」ことで実現される字形の整いが、ここでは違っていることについて考えさせるのである。この正解のない思考活動こそ、書の古典について深く学習することにつながると考える。

2　思考活動展開の必要性
(1)　書写と書道の目標の違いから
　小中学校の国語科書写は、言うまでもなく、国語科における学習活動（「話すこと・聞くこと」「書くこと」「読むこと」）に関わって、言語活動がスムーズに行えるよう「書きやすさ」「読みやすさ」について学習している。一方、高等学校芸術科書道は芸術として、文字に含まれる多様な美を取り扱い、感性を養うことを目的としている。

　学習者（特に高校生）は、書写と書道との違いが認識できないまま、書道学習に臨んでいることがあるように見受けられる。思考活動を展開していくことができれば、自ずと両者の目標の違いは明らかになり、学習者の混乱は解消されるものと思う。言うまでもなく、書写学習においても思考活動は展開されるべきであるし実際に行われている。

(2)　美感との関係から
　学習者（特に高校生）は、書写学習（例えば上記の「中心をそろえ

る」ことで実現される字形の整いということ）から、文字から受ける美を整斉美として捉えている。書写教科書所収の課題文字（いわゆるお手本）が絶対無二の書き方であり、多様な書きぶりである書の古典には違和感を感じることがあるように見受けられる。また、「九成宮醴泉銘」など上述の通り、様々な工夫が施されているにも関わらず、整斉美との違いが見い出せない実態がある。

　確かなデータはなく、現場から指摘を聞いた経験があるのみであるが、もしこのような実態が多々あるとすれば、書写から書道への接続の面での課題でもあろう。入学後間もない時期に、上述の「九成宮醴泉銘」で思考を鍛えることは、書写から書道へのスムーズな接続という面でも効果が期待できる。

(3) 楷書の字体の違いから

　筒井は「楷書を習おうとするとき、ことに初心者は楷書から入ることが多いであろうが、誰しも碑や法帖の字体がふだん見慣れた活字体とは点画の構造が多少異なる場合があることにとまどった経験があるに違いない」[3]と言うとおり、高校生や大学生をはじめとする初学の者には日常普段見慣れている、例えば活字等との違いに戸惑いを覚えることも多々あるわけであるが、ここでは、書き方の違いと同じ扱いにより、思考活動に組み込んでいく方向で考えたい。

(4) 教員養成の面から

　書道科教育法（大学3年）の授業で「九成宮醴泉銘で何を学習するか」[4]について学生があげたコメントを見ると、次のようなものがある。大学1年時に「九成宮醴泉銘」を学習しており、文字構成の工夫については考察した学習体験をもっている。A群B群どちらからも真摯な姿勢が見て取れるが、B群のようなコメントは思考活動を経験することによって初めて出てくるコメントである。

第1章　学習観の変化と授業研究の方向性

＜コメント群A＞
- 点画の接し方や、空間の取り方が絶妙なバランスで成り立っており、字形の構成を学ぶ上で最適である。またそれは、これからの創作活動に活かす事ができ、個々人の芸術意欲を高める事ができる。碑や拓本にふれることで、中国の書道文化に関心をもてる。
- 現代の正式な書体である楷書体の「九成宮醴泉銘」には、活字がありふれた日常生活の中で感受する事が困難となりつつある文字表現の了見を広げさせる力がある。また書写学習をしてきた生徒にとって、常に一定の線質を保ちなおかつ厳密な規則にそって構成された文字のつくりは、まだ書写的な文字にしか親しみのない生徒が、今後一定な形にとらわれず様々な個性や表現方法を認め、美的価値を極めた芸術的な古典を研究していく導入単元として最適である。

＜コメント群B＞
- 古典の構成は必ずしも一致しているとは限らないが、楷書の極則と言われている「九成宮醴泉銘」の臨書や鑑賞を通じて、<u>巧みな文字構成や用筆法について自ら考え気づき身につけることによって、これから他の古典などを学習する際に、自ら考えて特徴をとらえることができ</u>、古典で学んだ表現の多様性を作品を作る上で自分の表現として生かしていけるのではないのかと思う。
- 古典や文字の字形の良さを自ら見つけ出すことで初めて楽しい・おもしろいと感じることができると思う。ただ臨書するだけでは何も学ぶことができず、書道の良さを知ることができない。<u>生徒には書道の良さを楷書という最も身近な書体で、そして楷書の中でも最も文字構成の美しい「九成宮醴泉銘」を通して気づいてもらい、書道を好きになってもらいたい。</u>
- 「九成宮醴泉銘」の文字構成を分析的に見ると、文字の中の空間

を広くすることで文字を美しく見せようとしていることや、文字の重心をずらしてもちゃんとバランスがとれていることなどがわかる。見ただけでは気づかない文字構成の魅力が「九成宮醴泉銘」には備わっているのだ。生徒はそれに気づいたとき、書道の見方が変わり「奥深い書道」を知ることができると思う。また、「九成宮醴泉銘」を通して学んだ文字の美しさを、普段実用的に文字を書くときや生活している中で様々な文字を目にしたときなどに役立てることができると思う。ただ文字は文字として見るのではなく、文字の中に潜んでいる美しさや文字の背景には何があるのかを考えることができ、文字を通して自分の感性を豊かにすることができると思う。

(下線筆者)

3　古典の特徴をあげることについて
(1) 原則を見つける

　古典を授業で扱うためには、特徴をまとめることは必須である。教育実習生が導入として特徴をあげたい気持ちも理解はできる。特徴とひと言で使用されるが、ここでは、古典の筆跡に見られる共通の書き方としておく。学習者は書き方の共通点を学習するのであって、これは原則とも言える。千変万化の古典の姿態を原則でまとめるのは不可能のようにも思えるが、これにも答えはなく、この追求も大切な書の学習であると言えよう。長い時間をかけて作り上げられた書法であるからこそ、軽率な筆法ではなく、それぞれに究極の筆法が隠されているだろう。原則は直感的に見出されることがあるのを否定はしないが、すぐには見出すには難しい場合が多い。

　次にあげるのは、大学1年生のコメントである。「九成宮醴泉銘」を見て気づきをあげている。できるだけたくさんあげるように促す。

<学習者1>
① 「九」の1画目は長く、2画目は右あがりに書かれている。
② 「成」の4画目が長く書かれている。
③ 「侍」のへんとつくりが上下にずらして書いてある。
④ 「中」の2画目がはなして書いてある。
⑤ 「郡」の最終画が長く書かれている。
⑥ 「公」の2画目が上に寄って、字形がななめになっている。
⑦ 「山」は、縦画がすべてまっすぐに書かれている。

(2) 原則から特徴へ

原則を見出すことができたならば、そこで止まるのではなく「なぜそう書かれたのか」について考えたい。想定される要因をあげると次のようになろう。

(1) 民族性を含めた筆者の思想や考え方による
(2) 用具・用材による
(3) 時代的な背景による
(4) 国や地域の背景による

先の学習者1があげた気づきについて自ら考えたのが次のような内容である。

<学習者1>
①は、横長く見せて上下の空間を広々と見せている。
③は、縦長く見せる効果がある。
④は、中の空間を広く見せる効果がある。
⑤は、空間を広く見せる効果がある。　　　　　　　　（下線筆者）

もちろん科学的に分析したものではないが、学習者なりの特徴を見出せている。すなわち、「広く」ということが共通点としてあげられる。これらを学習者自ら「特徴」としてまとめたい。

(3) 原則をまとめる

　技法解説書にはさまざまなものが見られるが、概ね原則をまとめる形で扱っている。例えば市澤は次のように原則をあげている[5]。

　　「＜閣＞＜閉＞は二本の縦画が内側に湾曲して、胴が引き締まって見える。顔真卿の外側に湾曲した向勢に対し、背勢の例としてよく引き合いに出される文字である。そのため九成宮はすべて背勢であると思いこんでしまいがちである。たしかに左側の縦画は内側に反っているが、右側の画は反っているように見えるものの、<u>筆画の内側は直線である</u>」「欧陽詢の表現意図は直勢であり、筆勢によって内側への反りが生じることがある、と理解しておくのが妥当であろう」「転折部分から垂直におろして下を細くしている。これは他の部分との配合の比率を考慮しつつ、『口』の中の余白にも注意して書いているのである」（下線筆者）

今一度、「思考活動の一例」（1-(3)）で取り上げた3字を取り上げ、原則・特徴について補足したい。

中心をずらすことによって生じた、丸印に示される空間が「九成宮醴泉銘」の書き方の原則である。なぜそう書かれるのか、についてまとめるのが「特徴」となる。

第1章　学習観の変化と授業研究の方向性

　予測の域を出ないが、右側にできた空間によっていわゆる「背勢」の文字構成が、ここでも表現されているとまとめられよう。実際の授業では、個々の学習者によってまとめられた原則を、教師が特徴として「まとめ」ていく作業が必要になる。図1で示したように、ここまで到達してはじめて学習者に古典の「特徴」が理解されることになる。

　形臨を中心とする臨書学習では、そっくりに書かれることばかりに目が向きがちであるが、学習過程において活動をシンプルにまとめ直すことで、思考活動を中心とした質の高い書道学習へと転換することが可能になる。

おわりに

　今井は「欧陽詢の書はだれにも分かる理論があり、それに則って書けば誰でもがうまい字が書けます。しかも、そこに見られる法則は楷書だけのものではなく、他の書体にも応用できるものです」[6]と言うが、ここに「理論」とあるのは、「原則・特徴」のことである。原則で統一されている「九成宮醴泉銘」は、理解されやすい点で高等学校書道Ⅰをはじめ楷書の基本教材として格好のものと言える。

　本稿の学習過程で行った実践は乏しく、データを蓄積できていない。今後は思考活動展開による学習効果を確かめるべく実践を積み重ねていく必要がある。

第3節 臨書学習と思考活動

注

(1) 例えば、和栗久雄『書道基本用語詞典』中教出版、1991、p.961 に次の解説がある。「創作への段階として、形臨・意臨のほかに、精習した古典をみないで書き、どれだけ修得したかを確かめる「背臨」(暗書)があり、倣書といって、自分の会得した古典の特質を念頭にして書作する方法がある」

(2) 池田毓仁「中国書法に学ぶ(第1回・楷書＜九成宮醴泉銘＞①～④)」『新書鑑』349、351、353、355号 雪心「新書鑑」編集部 2004、2005

(3) 筒井茂徳「楷書の字体」『九成宮醴泉銘』中国法書ガイド31、二玄社、1987、p.14

(4) 2008年前期「書道科教育法Ⅰ」授業における実践から。受講者14名。

(5) 市澤静山「九成宮醴泉銘の結体」『九成宮醴泉銘』中国法書ガイド31、二玄社、1987、p.30

(6) 今井凌雪『臨書を生かす 上巻・楷書』講談社、1995、p.28

参考文献

余雪曼『書道技法講座1 九成宮醴泉銘』二玄社、1975

第4節　学習者主体の学習指導の実際（1）
——高校生の場合——

はじめに

　20世紀の後半、わが国は高度な成長を遂げ、世界でトップレベルの生活水準と科学技術を手に入れた。それを支えたのは、厳しい受験戦争であり、「学力」は受験を勝ち抜くためのものとして語られることが多かった。バブル経済の崩壊以来、低成長が続き、一方では環境問題や少子化に伴う福祉の問題が生じる中、人間が人間らしく生きていくことに立ち返って自らの生き方を考える時代になった。

　こうした状況のもと、中央教育審議会はこれからの時代を生き抜く資質や能力として『生きる力』の育成を打ち出すに至った。中教審は、生きる力を「自分で課題を見つけ、自ら学び、自ら考え、主体的に判断し、行動し、よりよく問題を解決する能力」、「自らを律しつつ、他人と協調し、他人を思いやる心や感動する心など豊かな人間性とたくましく生きるための健康と体力」としており、受験のための学力ではなく、一人一人が人間としてよりよく生きていくための「学力」を身につけていくことになったのである。「学びの転換」と言われるのは、こうした学力観の見直しであり、学習者の視点にたてば、主体性や個性、考え方や創造性の重視だと捉えられる。これまでの与えられた知識を覚えるという学習から、何かを自ら創造していくために知識を獲得していくといった形態の学習活動が求められているのである。

　1998年の中教審答申「新しい時代を拓く心を育てるために」を受けて、高等学校書道においても、学習者のものの見方や考え方を尊重し、主体性を重視した学習活動は展開されている。筆者の拙い実践においても、一貫して学習者の「主体性」「個性」「創造性」は重視してきているつもりである。しかしながら、主体的に学習に取り組む生徒のいる中

第4節　学習者主体の学習指導の実際 (1)

で、意欲はあるのに教師から題材を与えられなければ活動できない生徒が見られるなど改善の余地は残されている。

　本稿では、これまでの実践を踏まえ、特に学習者が授業に対してどのようなスタンスで臨み、何を求めているのかに注目し、教師と学習者のスタンスがどのようであれば主体的、個性的で創造的な学習に繋がっていくのかを中心に考察していきたい。

1　学びの転換

　学習者の視点にたつ教育の必要性から、「主体性」や「個性」「創造性」を育む教育とはどういったものなのか、ここでもう一度整理しておきたい。

(1) 「主体性」に関して

　「主体性」に関しては、学習者自らが「進んで○○したい」と思うような支援の方法が確立されているとは言えない。生徒の興味・関心が他の教科学習に比べて低いとは思わない。実際に書道を希望する生徒の数は、2000年時点では定員（時間割と用具の関係で定員を定めざるを得ない）をはるかに上回っており、むしろ書道を選択する生徒のほとんどは、書道の作品を作りたい、書道を深く知りたいなど、興味・関心や学習意欲をもって選択している。その興味・関心や学習意欲をそのまま伸ばしていくためにはどのような支援をしていけばいいのだろうか。

　例えば古典の臨書を扱う場合の「書かされている」「臨書させられている」といった意識は、授業が無目的に行われる場合にしばしば生じる。「進んで臨書したい」「調べてみたい」と思わせる方向にもっていくためには教師の積極的な指導は欠かせない。高久[1]によれば、自主性にはほんものの自主性といつわりの自主性があるといい、ほんものの自主性とは価値指向の意欲であり、それは、「そうだったのか」「わかった」という達成感によって生じるものであるとしている。

　この場合、本質としての価値指向性そのものを育てようとする間接的

なはたらきかけは必須の要件となるが、臨書の目的を明確にすること、例えば「線質」「字形」といった具体的な課題解決を実際に実感できる必要がある。表現領域に止まらず、鑑賞や書道史等の学習においても、教師の周到な学習計画に裏付けされた支援が望まれるのである。

　「書かされている」という意識の学習からは、当然のこととして応用は望めない。昨今の認知心理学の知見によれば、自分から進んで行った学習と嫌々ながらに行った学習との差は、それを応用できるかどうかの場面において歴然としている。個性的で創造的な表現活動へと繋がっていくような学習は、それぞれの場面での学習者の主体的な学習によるところが大きい。書道教育における学びのメカニズムを明らかにする課題は、依然として残されている。

　学習課題のより良い解決には、学習者自身がふさわしい方法を選択し課題解決にあたれるよう、いくつもの選択肢の用意が必要になってこよう。ただし、選択肢を増やせばいいというものではなく、系統だったカリキュラムに裏打ちされた意図的な選択肢を用意するのでなければ効果は上がらない。

　また、コンピュータなどの道具を授業に取り入れることは、学習の効率化や深化に繋がることが期待できる。コンピュータは、ほとんどの学校で整備され、学習者の活用能力の向上とともに一般化しつつある。現時点では情報処理教室などの特別教室に配置されており、その都度場所を変えて授業しなくてはならない不便さがあるが、普通教室に導入される日は近いであろう。簡便で、ネットワークに接続されたノートブック型などが普通教室でも自由に使えるようになれば、情報収集や発信に威力を発揮し、学習形態は様変わりするものと思われる。さらに、コンピュータの教具としての可能性も明らかにされつつあり、テレビやOHP、OHCなどと併せて用いることによって、効果を発揮するものと思う。そういった学習環境の整備も間接的には学習者の主体性に繋がっていくものと思われる。

(2) 「個性」に関して

「個性」は、他との比較によってはじめて認められるのであって、教師主導の学習からは生まれない。さらに、教師が学習者一人一人の個性を把握するのにも無理があろう。したがって、学習者同士が協調していく中で差異を見つけ、それを認め合っていけるような学習の場を設定していくことが求められる。

創作の学習に関しては、初めて書道を学習する学習者に対して、古典に依拠した着実な作品制作を求めるのは当然のことだろう。自分が選択した古典の学習を深めていく中から、それでもやはり自分らしさがにじみ出てくるような表現こそが、高校生にふさわしい個性的な表現であると考える。

また、個性的な表現は、用具・用材の選定によっても可能であると信じたい。用具・用材を効果的に表現に結びつけていく場面で、学習者一人一人の工夫が求められるのである。進んで用具・用材を選択し、試し、自分で考え、その場にふさわしい効果的な使い方を自分で見つけだしていけるような学習を目指していきたいものである。

(3) 「創造性」に関して

「創造性」は、結果のみで評価するのではなく、学習の過程を大切にする姿勢から育まれる。これまでの、与えられた知識や考え方をとにかく覚えていくという学習から、学習者自らが何かを創造していくために知識やものの見方や考え方を身につけていくというスタンスに変わっていく。

そうした学習では、教師が一方的に教えるのではなく、教師は学習者が活動するのをじっと我慢して見守るといったスタンスが要求される。時に学習者の失敗を受け止めることのできる寛容な教師の態度が必要だろう。少しくらい外れた発想で取り組んでも認めてくれるという安心感は創造的な活動に不可欠である。それと同時に、学習者の一人一人の活動を保障するための適度な緊張感は必要となってくる。そうした教師・

第1章　学習観の変化と授業研究の方向性

学習者の程良い人間関係から創造性は育まれていくものではないだろうか。

2　明らかになった課題

学習者の「主体性」や「個性」「創造性」がどのように育まれていくのかを把握するために、学習者は、はたして独自のスタイルを確立することができるのかに注目してみたい。

教師が、いわゆるお手本を与えることによって、その時点では一定の見栄えの作品になるにしても、その後の応用はきかないのは当然といえよう。むしろ、技術的には拙くとも、自ら考え、工夫した試行錯誤があってこそ生きて働く力として身についていくのである。いわゆるお手本がなくても作品を制作できるということは、恐らく学習者にとっては大きな自信になっていくはずである。

(1)　実践の概要

　実施時期　1996年9月～12月
　対象　広島大学附属高等学校第2学年
　取り組みの実際　取り組みの題材とねらい、反省をまとめると図1のようになる。

(2)　実践の結果と考察

生徒の活動は、概ね次の三つのパターンに分類できた。
①自分の好きな書きぶりの古典を基にしながら、素直な表現を目指そうとするもの（生徒群①）
②用具・用材の使い方を工夫し、独自の表現を目指そうとするもの（生徒群②）
③制作の方法が見出せず、教師の指示やいわゆるお手本を要求するもの（生徒群③）
①の生徒の特徴は、技術的に巧みであり、ある程度自信をもっている

第4節　学習者主体の学習指導の実際（1）

図1　取り組みの実際

題　材	ね ら い	反　省
漢字仮名交じりの書の学習	①用具・用材は、いろいろ工夫できること、工夫しなければならないことを理解する。 ②書道の美は、いわゆる整った美ばかりではないことを知る。 ③創作作品を制作する上でルールはないということの確認。	①各自、好ましいと感じる美がある程度絞られてきたが、「読めないような字を書くには抵抗がある。」とか「普通に読めてきれいな字を書きたい」などの感想がかなりあり、達成感が得られたか疑問。 ②古典を生かして制作していく方法も取り入れていく必要性あり。
隷書の学習	前回の漢字仮名交じりの書の反省をふまえ、再び古典へ目を向けようということである。ここでは、臨書のための臨書ではなく、臨書を創作へ結びつけるための臨書である。 ①同じ時代の隷書でもいろいろ違った形がありおもしろいことに気づく。 ②書体字典を利用すると便利であることを知る。 ③漢字仮名交じりの書で使った技法を生かす。	①隷書の基本的な用筆法を十分習得しないまま作品制作に移ったので、欲求不満が残った。 ②また、臨書の意識が強く、大胆な表現にはならなかった。
半切1/2作品制作	①書体を選択して制作する方法を知る。 ②もう一度古典を基にして制作する方法の確認。（表現意図を大胆にしていこう） ③書体字典に慣れる。	①配置が中途半端で意図をもった構成ができていない。
草書作品制作	①古典を参考にして書くか、独自の表現で制作していくか、自分で選択して制作する。 ②配置を考える。落款、印をバランス良く配置する。 ③語句を自分で決める。	①配置の工夫がまだまだ足りない。文字が大きくなる傾向があり、せっかくおもしろい工夫があっても全体のバランスを壊すことがあった。
色紙作品制作	①今までの学習を生かしながら、色紙に創作作品を制作する。 ②使用する語句は「墨場必携」から選ぶ。 ③ちょうど良い文字の大きさで、バランスよく配置する。 ④できるだけ生徒の自主的な活動にする。	①例にあげた語句が、生徒の目指している表現にふさわしいとは言えないのではないか。

生徒が多い。依拠した古典としては、王羲之などの、行書を中心としたオーソドックスな書きぶりのものが多い。このような生徒は、用具・用材の工夫による、新しい表現には拒否反応を示していた（半数程度。女子生徒に多い）。②の生徒は、技巧的にはコンプレックスを抱いていたが、用具・用材の工夫によって、自分らしい表現ができることに喜びを見出し、出来上がった作品よりも制作過程を楽しみながら活動していた（男子生徒に多い）。③の生徒は、器用な面があり、いわゆるお手本があれば手際よく制作することができる。ただし、自分からこんな作品を制作したいという意欲に乏しい。また、自分の作品に自信がもてず、常に教師の指示を待つという生徒である（3名程度。男女は特に関係なし）。

●課題（1）

③の生徒群は、割合としては少数であるが、新しい学びを創っていこうとする教育とは対極のスタンスである。このような生徒は学習意欲が乏しいわけではない。常に学びたいという意欲はもって授業に臨んでいる。与えられた知識をとりあえず覚えていくといった学習はむしろ得意で、いわゆる優等生の場合が多い。

こうした生徒は自分の作品の良さに気づいていないことが多く、自らの作品の中に個性を見出すことができれば、主体的な姿勢に改善していくことができるのではないか。

●課題（2）

①の生徒群から明らかになった課題として、学習者が「おもしろい」「楽しい」と感じる活動は、学習活動自体が楽しいということのほかに、本質を追究し、それを獲得した時に初めて「おもしろい」「楽しい」と感じるのであり、「わかった」「できた」という学習の達成感を抜きにしては主体的な学習は成り立たないということである。従って、書道の本質とは何かを学習者とともに明らかにし、共に追究していこうとする教師のスタンスは不可欠である。

●課題（3）

作品として制作する時に何を書くのかという問題は、課題として残っ

第4節　学習者主体の学習指導の実際（1）

図2　生徒作品（生徒群①～③）

た。例えば「墨場必携」から拾って書いたりするのではなく、高校生が制作するのにふさわしい語句は、もっと他にあるのではないか。そうした語句を見つけ出していけるような学習を仕組んでいく必要がある。

3　自らの文字の個性に気づく学習の必要性

　課題（1）では、主体性と「個性」の関係を指摘したが、「個性」については、手書き文字の個性の教育の研究を継続して進めているところである。国語科書写から芸術科書道への接続の在り方を含めて、手書き文字の個性に気づき、洗練させ、それを創造的に表現できるようになるという流れで捉えようとするものである。手書き文字の何をもって個性とするかは、今後も、規範性との対比の中で詳細な検討が必要であるが、これまでにも、グループ学習を設定するなどしながら、それぞれの文字の個性に気づかせようとする場は設定してきたつもりである。しかし、

第1章　学習観の変化と授業研究の方向性

現時点では十分な成果が上がっているとは言えない。

視点を変え、高等学校入学段階の生徒の表現とはどのようなものだろうか。作品の「個性」について考察していくために確認しておきたい。生徒個々の表現から、伸ばしていけそうな端緒を見つけることが可能かどうか確かめるため、次の実践を行ってみた。

(1) 実践の概要

実施時期　2000年5月11日（木）
　　　　　※年度当初行事の関係でこの日が最初の授業となった。
対象　広島大学附属高等学校第1学年
取り組みの実際　はじめに、簡単な用具の使い方を説明。その後は、半切1/3の用紙と詩文（ここでは歌詞）を渡し、「自由に書いていい」ことを伝えた。念のために、用紙は縦横自由、詩文はどこで切って書いても良いことを確認した。表現については何も指示していない。

(2) 実践の結果と考察

最初の授業ということもあり、生徒は緊張感をもって作品制作に臨んでいた。学年当初の行事の関係で、入学後1月も経っての最初の授業は、生徒にとって待ち遠しいものだったのである。そうした普段とは違った意味をもつ授業の中で制作された作品は、概ね完成度が高く、その表現力の豊かさには驚かされる。

授業者の見たところ、41名中、31名は何らかの表現意図をもって制作にあたっていた（生徒群④）。どう表現していいかわからないまま書いたものは、せいぜい生徒群⑤のように配置でつまずいている程度である。

中学校の書写の学習を終えた時点でこれだけの表現ができるということであり、何よりその表現には好感がもてる。この時点での純粋な表現を大切にし、その後の制作に生かしていきたいものである。加藤[2]が、

第4節　学習者主体の学習指導の実際（1）

図3　生徒作品（生徒群④・⑤）

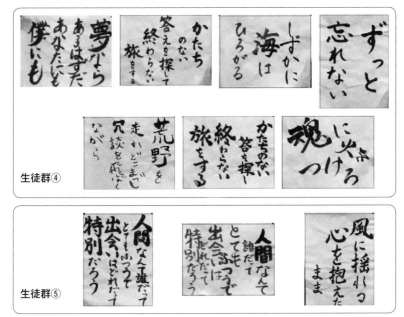

「発想の転換を図り、「漢字仮名交じりの書」を例えば「書道Ⅰ」において一番先に指導することも考えられよう。古典に依拠しない生徒の作品は実に頼りないものと映るであろうが、これをよりよい作品にするために、個々の生徒が好きな古典を選択し、学習する。その結果を最初の作品と比較しながら学習を進めて行くのである。」と提案しているように、まず書いてみて、不満を補っていくといった流れも考えられよう。

　こうした授業の流れの中に、「個性」を見出していくという視点を加えていくことは、「個性」の把握に繋がる可能性を秘めていると言えないだろうか。

4　本質を追究していく学習の必要性

　課題（2）においてあげた、書道の本質を追究していくスタンスは、書道の学習のあらゆる題材、あらゆる場面で常に要求されるものだろ

う。本質と考えられるものは、表現でのそれに限らず、鑑賞や、学習に取り組む姿勢といったすべてに存在するものであると考える。学習者の主体的な活動を引き出すための本質の追究は、一方的な本質の提示にとどまらず、学習者と共に追究していく姿勢が求められよう。

制作を重ねていくことによって、ある程度は自分自身の方法を身につけていけることが確認できた。ただし、字形の稚拙さとどんな語句を書くのかという課題が残っている。字形の稚拙さは、デフォルメの方法を学習することで解消するのではなく、むしろそれを補う線質を洗練させていく必要がある。

ここでは、課題（2）であげた本質の一つとして線質の問題を捉え、漢字仮名交じりの書の制作における、線質に着目して表現しようとした実践をもとにこの問題を考えてみたい。

線質の違いを追究していくことは、単に技法の習得とも見えるが、そこに至るまでには、例えば古典に鋭く切り込むことが必要だろうし、様々な作品の鑑賞も必要だろう。このように線質を追究していくことによって、学習の広がりが生まれ、学習者の主体性は育まれていく。

(1) 実践の概要

実施時期　1999年4月～12月

対象　広島大学附属高等学校第1学年

取り組みの実際

　　第1次　書道における線質の違いを知る。（書体の歴史・楷書の古典の鑑賞）

　　　　書体によっても、同じ書体でも筆者が異なれば線質が異なる。

↓

　　第2次　その線質の違いは、どのように表現されるのだろうか。（楷書の古典の臨書）

　　　　筆使いが異なる→どのような筆使いがあるのか。

第4節　学習者主体の学習指導の実際（1）

↓

第3次　古典の臨書を通して様々な線質の違いがあることを知る。（行書・草書・隷書）
　　　様々な書体の特徴を、筆使いの違いを通して理解する。

↓

第4次　筆使いの違いを表現してみよう。（漢字仮名交じりの書の制作）
　　　始筆に注目し、線質の違いを表現していこう。

これらの学習を生かしながら、墨色の変化と配置の工夫を加えて表現したものが以下の作品である。語句は原則として共通のものを書き、筆

図4　生徒作品

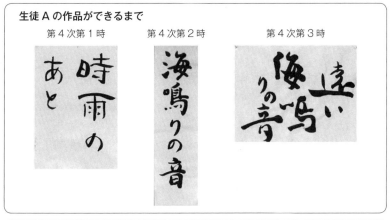

者による表現の違いが明確になることを意識した。

(2) 実践の結果と考察

　取り立てて斬新なところはなく、創造性に欠けるかもしれないが、想起した古典の線質を意識しながらも、ある程度は微妙な線質を表現しようとしているように見える。ただし、生徒が想起した古典の幅は狭く授業で学習したものに限られた点は、反省すべきであろう。自ら選択し学習した古典の線質は、このようにして応用していけるのだということに気づいた生徒については、その後も主体的な取り組みが認められた。

　単元的な学習にとどまらず、年間を通して一つの本質を追究しながら学習していくことは、授業にまとまりと一貫性が生まれ、さらに、繰り返し学習するということとも相まって、一定の学習効果が上がるのではないだろうか。少なくとも、いろいろな本質を授業にちりばめていくことがなければ学習の深まりは期待できず、退屈な授業に終わってしまう。

5　詩文・語句の選定を中心にした課題学習の必要性

　これまでの技法を中心とする書道教育において、「何を書くのか」の中味については、あまり問題にされてこなかった。何を書くのかという問題は、「誰が書いたのか」「どのように書いたのか」と合わせて作品評価の一つを成すものであり、書道教育においても大切な柱となるものであろう。特に、個性的で創造的な学びにおいてこの問題は避けて通ることのできない課題といえる。高校生が制作する作品には、それにふさわしい文章なり詩文なり、語句があってしかるべきだろう。久米[3]が「素材となる詩文・語句選びこそ、主体的表現活動への鍵」と述べているように、何を書くのかは、新しい学びにとっては切実な課題なのである。学習者が自分で詩文や語句を見つけ出していくために、より広い視野にたって題材や課題を設定していくことが必要なのではないか。

　通常の書道の授業で扱う学習内容に加え、他教科の学習も生かしなが

ら、横断的・総合的に内容を構築していく方向が考えられはしないか。また、コンピュータや情報通信ネットワークを生かしたり、図書室を積極的に活用することによって、生徒の主体的な活動はより活性化されていくのではないか。

(1) 実践の概要

実施時期　2000年9月～10月

対象　広島大学附属高等学校第2学年

題材　映画のタイトルを書こう

取り組みの実際

　映画は、現代の高校生にとっても楽しみの一つであり、依然として人気は高い。こうした日常的な興味・関心を掻き立て、主体的な学習となるよう試みた実践である。映画のタイトルを語句選定の媒介とすることは、タイトル次第で漢字の書の創作にもなるし、仮名の創作にもなる、漢字仮名交じりの書の創作にもなる、というように、表現の幅が広がっていくのである。そうした広がりからは、学習者の主体的な活動が期待できよう。

　第1次　映画のストーリーを創作し、読みやすい文章で紹介する。

　第2次　ストーリーの題名を漢字仮名交じりの書として表現する。

　第3次　コンピュータを用いて、宣伝ポスターとして加工する。

　第1次では、400字程度でストーリーを紹介することとし、説得力のある内容になるよう推敲を求め、一定の文章力を要求した。また、硬筆での学習を生かしているか、読みやすい書きぶりになっているか互いに批正しながら仕上げていった。

　第2次では、漢字仮名交じりの書の学習や、臨書の学習を生かすこととし、ストーリーの内容に調和した表現を目指しつつも、線質を大切にしながら、映画のタイトルとしてふさわしい書きぶりを目

第1章　学習観の変化と授業研究の方向性

図5　タイトル

夏より	向日葵	下町物語	南柯流離記	米騒動	ふたり
古城	白い迷宮	扉の中へ	烏龍茶	蟻	澄んだ空
せんす	兜刃	出発	背くらべ	星空	捕虜	最後の海
田樂の舞は	あの海へ	神の水	戦いの朝	名人は嫌だ！
脱出	金の星	記憶	遠い海

図6　ストーリー

 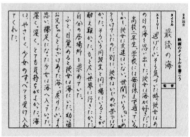

指した。参考として、黒沢明の映画作品ポスターの一覧を示した。

　第3次の学習過程は、コンピュータを活用して漢字仮名交じりの書を発展的に表現するものであり、当該学年は、前年度に行っている。その方法を用いてポスターとしてまとめようとするものであり、同じ学習の繰り返しになってしまうことと、時間の関係で、「業者に発注する」という想定で、「オーダー用紙」にイメージを記入させるにとどめた。

(2)　**実践の結果と考察**

　このテーマは、仮想的で模擬的な設定である。こうした模擬的な課題の解決学習は、概ね好評であり、必ずしも切実な課題だけが生徒を揺さぶるのではないことがわかった。それぞれの学習過程において、取り組みの姿勢は一人一人で異なるとはいえ、創作を楽しむ姿勢が窺えた。自分で考えなければならない場面がいくつもあったことも、緊張感となっ

て主体的な取り組みへと繋がったものと思われる。

　ストーリーを創作することによって、間接的に詩文・語句を考えることができるよう配慮したのは、概ね成功だったのではないかと思われる。高等学校2年生として、内容的に稚拙で物足りなさが残るものの、互いに批評しながら創作に取り組む姿は、学習の過程を大切にする意味で評価できるのではないか。

おわりに

　新しい学びにおいては、学習者が主体であり、教師は学習者の活動を支援していくというスタンスが求められる。本稿では、学習者の主体性、個性と創造性を育んでいくために、「自分の文字の個性に気づくこと」「本質の追究」「詩文・語句選びを中心とする課題学習」の必要性を提案しながら、こうした学習者と教師の関係を考察してきた。実際の運用にあたっては、学習者にどのような学びを保障していくのかも含め、それぞれの学校や学習者の実態に応じたカリキュラムの見直しが求められよう。

　主体性、個性と創造性を育んでいくことによって、学習者は自ら書道を学んでいける力を身につけていくはずである。ただ、この「自ら学ぶ力」の育成は、学習者の活動を積極的に支援していく教師の役割を抜きにしては成り立つものではない。学習活動を一貫してデザイン、コーディネートしていくことが、教師に求められているのである。新しい学びを保障していくために、学習環境の整備や学習者との程良い人間関係の構築など、クリアしていかなければならない課題は多い。短期間で解決できる問題もあれば、継続的な取り組みによってはじめて解決できる問題もあるだろう。学習者の願いが学習活動に反映していけるような学びの場を設定していくために、教師の意識改革が求められる。

　なお、このような学びは、基礎・基本と不即不離の関係にあり、従前にも増して基礎・基本の充実を目指していかなければならないのは当然のことである。

第 1 章　学習観の変化と授業研究の方向性

注

(1)　髙久清吉『教育実践の原理』協同出版、1970、pp. 102-106
(2)　加藤祐司「学習指導の工夫と改善（8）──生徒が楽しく書にかかわるために──」『中等教育資料』、1999-5 月号
(3)　久米公「高校『漢字仮名交じりの書』特立の背景　意義　授業の工夫」『墨』第 133 号、芸術新聞社、1998

第5節　学習者主体の学習指導の実際（2）
―― 大学生の場合 ――

はじめに
　本実態調査は、安田女子大学書道学科学生の漢字制作、特に漢字作品の中でも一般的に割合として多い、行書および草書に基づく作品制作における課題を把握しようとするものである。これまでにも本学学生は、卒業制作展や大学祭において漢字作品を発表してきているが、臨書作品が中心で、漢字によるいわゆる創作作品は少ないのが現状である。それは、優れた筆跡の図版さえ手元にあれば、書き写す感覚で書ける臨書作品との違いがあるからかもしれない。
　漢字制作には厄介な手順が加わる。つまり、字典にあたるなどの準備が必要で、また、その制作過程においては思考力、判断力、遂行力その他の能力が要求される、と考えられる。したがって、学生のもつ技能がそのまま作品に表現できるとは限らない。本学学生にもし足りない力があるとしたらどんな力か、それを明らかにできれば今後指導する上で有益となろう。
　現状として、その足りない力を我々教師の支援に求めているのではないか。もちろん教師の支援は有益であるが、安易な支援が逆に学生の主体性を奪い、その後の漢字制作へと生かされていかない実態があるのではないかと予想する。教師による加朱添削という支援が中心に展開される「書道特殊実習」（集中授業）における実態調査からその課題を明らかにしたいのが本稿の目的である。

1　方法
(1) 対象と授業概要
　対象　安田女子大学文学部書道学科2年生

「書道特殊実習Ⅲ」履修者33名

授業概要　漢字及び仮名を中心とする技能の向上を目的とする。今年度の課題は①漢字臨書②漢字創作③仮名臨書④写経⑤実用書（賞状）⑥硬筆（縦書き・横書き）。授業は、通常授業期間中に実施する隔週授業と夏季休業中の合宿（集中授業）により構成する。運営は「書道特殊実習Ⅰ」と合同し、1年から3年までの3学年によるグループ活動を基本に展開する。本調査に関わる②漢字創作は七言二句（14字）を半切2行に収める課題で、集中授業の際に初見で制作する。制作に必要な字典や各自で用意した資料類は使って良いこととしている。

(2) **調査時期**　2012年9月

(3) **調査内容**

集中授業終了時に、以下の項目について質問した。

①書き始める前（課題プリントをもらい、1枚目を書く前まで）

　ア．字典以外に何か参考にしたか。

　イ．参考にした人は何を参考にしたか。

　ウ．自分の頭の中に作品のイメージがあったか。どんなイメージか。

②試し書きの過程

　ア．草稿をもとに書いてみて、何が問題（課題）か把握できたか。

③練習の過程

　ア．試書過程の問題（課題）は解決できたか。どのような方法で解決したか。

④仕上げの過程

　ア．試書の過程と、主にどの点が変わったか。

　イ．その結果は良くなったか。

　ウ．どこが良くなったか把握できたか。良くなった点を具体的にあ

げよ。
　エ．自分の作品に満足か。理由をあげよ。
⑤次回へ向けて
　ア．次に創作の機会があったら、主にどんなところを頑張りたいか。
　イ．次回への自分の課題を把握できているか。
　ウ．把握できている人は、解決するためにどのような方法をとるか。
⑥作品制作を通して（その他）
　ア．難しかったことは何か。
　イ．日頃、掛け軸などを意識して見るようにしているか。
　ウ．日頃、展覧会や書道雑誌などで書作品を見ているか。

2　結果と考察

(1) 書き始める前（課題プリントをもらい、1枚目を書く前まで）

　試し書きの前に草稿を作る。草稿作りについては7月の事前授業で手順を確認している。字典を各自用意し、字典から文字を拾って草稿を作る。
　図1のとおり、好きな作品の図版や、作品集の類を用意した学生は

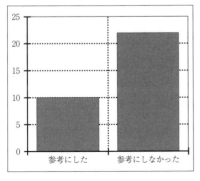

図1　字典以外に何か参考にしたか

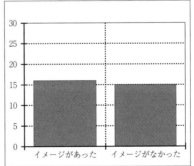

図2　作品のイメージがあったか

第1章　学習観の変化と授業研究の方向性

表1　学生があげた作品のイメージ

全体の印象	躍動感ある作品。 勢いのある作品。 力強く。 ぽってりとした草書。
線質、用具・用材	墨の潤滑を生かした、太めで存在感のある作品。 連綿線をつける。 墨量や線質の変化に気をつけ、大胆に書いたイメージ。
全体構成	明るさ空間を広くとる。のびのびと自由に、軽く。
全体構成 特に「流れ」	流れのある作品。 連綿をつけ、流れるように。 連綿線があって流れるようなイメージ。 流れを作ってひとつのまとまった句になるような感じ。 軽い、流れのある感じ。 太い部分が二つくらいあり、全体的に流れのある作品。 流れるような中にも強さのある、というようなイメージ。

10名ほど。自分の書きたい抽象的なものも含めると半数になるが、具体的なイメージをもっていない学生が多いことがわかる。日頃、書作品を見ていないことが想像される。

(2) 試し書きの過程

草稿をもとに試し書きをする。草稿通り書けないのは致し方ないが、ほとんどの学生は自分の試作に課題があることを把握している（図3）。具体的な課題は表1の通り。この過程では、全体構成、特にいわゆる「流れ」に関する課題を多くあげている。

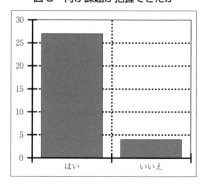

図3　何が課題か把握できたか

表2　試し書き過程に把握できた課題

全体の印象	草稿とでは、できた時のイメージがまったく違う。 変化が少なくインパクトに欠ける。
線質、字形	文字が大きすぎた。 線の太細、同じ形にならないこと。 文字の大小、文字の中の線の変化、潤渇の変化。 字が淡々としておもしろみがなかった。 字形の正確さ。
用筆・運筆	
用具・用材	
全体構成	文字の大きさと全体のバランス。 余白のとり方。 見せ場（字の）。 字間、文字の大きさ、全体のバランス。 字の大きさに違いをだそうと思った。 一行の文字数。 余白のとり方、作品としての見せ方。 字形がおもしろくない、文字の大きさが同じ。 密の部分と白が目立つ部分のバランスが悪い。 自分が一番見せたい字をどこにもっていくか。 文字の大小、字体の組み合わせ方。(2)
全体構成 特に「流れ」	連綿線と全体の流れ。 中心線が傾いている、流れが途切れる。 全体の流れ。 なめらかに書きたい。 連綿をどこにいれるか。(2) 自分が選んだ文字の字形では流れがうまくできなかった。 大きさが全部同じ、単調、流れがない。 流れがない。

第1章　学習観の変化と授業研究の方向性

一方、用筆・運筆や用具・用材に関する記述がないのは、上記の裏返しと見るべきか。学生が自身の作品を見る際の視点は、全体→部分へと向かっていくよう

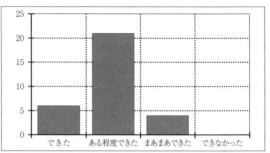

図4　試書過程の課題は解決できたか

である。もっとも、用具・用材についてはその後の記述でもほとんど触れられることがないのは課題の一つかもしれない。

(3) 練習の過程

図4のとおり、全員が何らかの変容を示したことが窺える。しかもそれは試書過程からの課題が解決できたというものである。その解決の方法を二つまで答えているが、「先生のアドバイス（加朱添削）」が断然多く、ほぼ全員があげている。

加朱添削は、教師による朱筆を使っての具体的なアドバイスであり、一般的な添削方法である。当該授業においては活動に組み込まれており、全学生は努めて添削を受けるよう奨励されている。そのことを反映したこの数字は当然と言えるが、他の方法をあげている学生は割合として少ない。図書館等へ移動し図版を調べる等ができないという今回の集

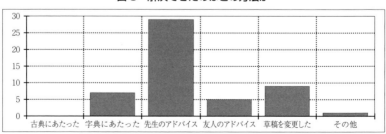

図5　解決できたのはどの方法か

図6 試作とどこが変わったか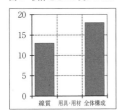

図7 その結果は良くなったか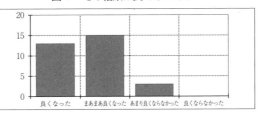

図8 良くなったところを把握できたか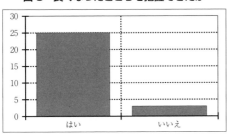

図9 自分の作品に満足か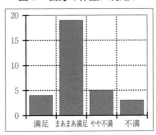

中授業の性格上、仕方ないことかもしれない。授業形態自体に課題があるとすれば改善していくべきだろう。

(4) 仕上げの過程

　仕上げの過程での学生の自己評価は、図6、図7のとおり、「線質」「全体構成」が「良くなった」と答えている。改善された箇所について認識できており、受動的に捉えているわけではない。ここでも、用筆・運筆、用具・用材についての記述がない。図6で「線質」をあげているにもかかわらず、自由記述で触れられていないということは、もしかすると、「線質」に関わる用筆・運筆の基本的な事柄が理解できていないためかもしれない。そうであるならば、早急に補完していかなくてはならないだろう。

　評価したいのは表3の最下段に、「全体のバランスを見て、書体を変えた方が良い文字がわかった」「字典の字を自分の表現に変える」といった記述が見られることである。内的な動機によって作品制作に向かう

第 1 章　学習観の変化と授業研究の方向性

表 3　改善された箇所

全体の印象	
線質、字形	一文字の中に太細をつくったことですっきりとした。 具体的な字形　(2) 字形に変化がだせた。(2) 線質がのびのびとなった、友人の作品と比べて、刺激を受けた。 試し書きの時の問題点（字の大きさ、形）が良くなった。 線質の変化がつけられるようになった（縦の線を強く書くというような）。 字形を変えて、字の大小に変化をつけた。 文字の大小をつけられたこと。
用筆・運筆	
用具・用材	
全体構成	全体的な構成　(6) 行間が空いて、文字の大きさが小さくなった。 草稿よりも変化に富んだ作品に近づいた。 余白の使いかた 余白を生かしながら、墨だまりなどをつくることができた。
全体「流れ」	流れがでた。(2) 草書を行書に変えたことで、流れすぎたところをキビしく書けた。
認知・理解	全体のバランスから見て、書体を変えた方が良い文字がわかったこと。 全体的に流れしかイメージしていなかったので全体に考えた。 字典の字を自分の表現に変える点。

可能性を感じさせる記述である。

　学生は自分の作品にほぼ満足している。「やや不満」「不満」の理由（表 5）を見ても、その記述からは次の制作へと繋がる可能性を秘めており、「時間が欲しかった」以外は、各自の課題を把握できた良い結果と捉えることもできよう。また、「不満」の学生に、用筆・運筆、用

第5節　学習者主体の学習指導の実際（2）

表4　満足、まあまあ満足の理由

全体の印象	かっこよくかけた。
線質、字形	文字の大小と線の太細を自分の納得いくよう創作作品を作ることができた。「明」「月」を違うようにできた。 納得のいく渇筆が出た。 墨量の変化がつけられたし、筆が開けられた。 草稿の時より、線質の変化をつけられるようになった。また文字の大きさも大胆に変えれるようになった（潤渇がマイナス点ではあるが）。 「中」という字が一番、私が思う作品のポイントです。 「葉」という文字がまあまあよく書けたと思う。
用具・用材	
全体構成	どの文字も雰囲気が合っていて、全体的にまとまった。 全体の構成がよくなった。(2) 全体のまとまり具合、縦の流れが練習の時よりも良くなったから。 余白が活かせている。事前の練習より成長できたと思います。 先生のアドバイスで、だいたいの全体の構成がわかったから。
全体「流れ」	力強い、流れが出ている。 「落葉中」がきれいにつなげられた。
認知・理解	自分の頭の中のイメージを表現することができた。 今までと違った作風が築けたから。 途中で草稿と作品をすべて作り直した結果、良くなった。
その他	前回の創作の反省を生かせた。

表5　やや不満、不満の理由

全体の印象	一字一字を慎重に書きすぎてあまりよくなかったです。 もう少しおもしろい変化をつければよかったと思うから。
用筆・運筆	自分が思ったよりも多少はレベルの高い作品が書けたと思うけど、まだまだ筆の使い方がなっていなかった。
線質、字形	文字の大小をつけることができなかった。 もっと潤渇の変化をだす、筆の開閉をはっきり。

	線（とくに横画）に変化が見られないし、同じ大きさの字が多い。
用具・用材	墨量の変化をもっとつけたかった。
全体構成	半切の上が空いてしまったから。
全体構成 特に「流れ」	特徴がなく、流れがよくなかった。 もう少し流暢に書きたかった（書けると思った）。
認知・理解	創作をしたことがなかったので、どこまで書いていいのかわからなかった。自分の中でどうしていいか分からなくなってしまった。 自分の中に迷いがあってよくわからないまま創作を進めたから。
その他	時間がもっと欲しかった（仕上がりきれていない）。(2)

具・用材に関する記述が見られることは、分析力の高い学生だからかもしれない。「満足」には、教師のアドバイスを丁寧に受けたことによる部分が大きいことも想像される。

(5) **次回へ向けての課題**

図11の通り、学生は次への課題を把握できている。図10の通り、線質や全体構成に関わる課題が大半を占めているようだ。今後の授業ではこの項目を重点的に扱っていくこととしたい。この課題解決のための方策としては、「作品を

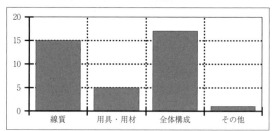

図10　次はどこを頑張りたいか

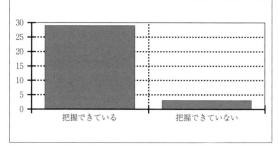

図11　次の課題が把握されているか

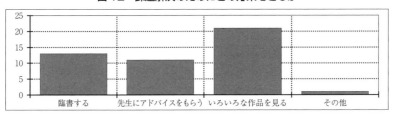

図12　課題解決のためにどの方策をとるか

見る」が最も多く、教師のアドバイスを上回ったのは意外だった。

　学生自身、今回の作品制作を通して鑑賞能力の欠如からくる自己学習力の不足に気づいたものと思われる。改めて、古今の優れた作品を提示する、相互に見せ合うなどの活動を指導へと積極的に取り入れていく必要を感じる。

　同時に、学生は臨書の必要性を実感している。今回の作品制作を通して、これまでは、ややもすると「臨書のための臨書」に終わっていたものが、字形が整わない、字形に変化を出したいのに出せない、といった場面において、過去の優れた筆跡が最も参考になることを知った。

(6) 7月からの作品制作を通して

　7月の事前授業から草稿作りを演習し、作品化への手順を確認する活動を行ってきた。いわゆる「創作」は初めて、という学生が大半という状況から2か月余り。全員が作品を完成させることができたことは著しい成長と言ってよい。作品化の過程を振り返ると、図13の通り、全体的に難しさを感じているようである。

　教師のアドバイスに頼らず、自ら作品制作へ取り組むためには、書くことの技能だけでは解決できないことがわかる。制作途上でつまずいた時の対処法を知らないことが浮き彫りになった。図14、図15でわかるように、日頃あまり書作品を見ていない。

　作品制作の原動力となるのは教師のアドバイスの他に、内的な動機、具体的には「あんな作品を書きたい」といった内発的な思いをもつこと

図13　漢字制作で難しいところはどこか

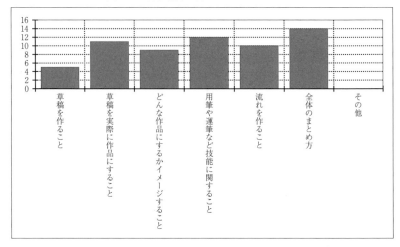

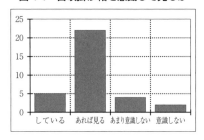

図14　日頃掛け軸を意識して見るか

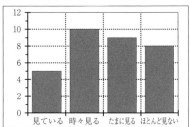

図15　日頃展覧会などで書作品を見ているか

が不可欠であると考えられる。こうした学生の意識の変革をもたらすような授業展開を考案していく必要があろう。

おわりに

　以上のように学生の作品制作過程を辿っていくと、いくつかの指導上の課題が見えてくる。まとめると次のようになろう。
　①自分が書きたい作品のイメージをあまり持っていない。
　②「用筆・運筆」「用具・用材」に対する工夫について考えることが少ない。

③制作過程でつまずいた時は、教師のアドバイスによって解決しようとする傾向がある。
　④日頃、書作品を見ることに関心が薄い。
　「書道特殊実習Ⅲ」で制作した作品は、当該授業の到達目標を十分クリアできる優れたものが多く見られた。学生の自己評価（図9）を見ても満足度が高く、学生自身も驚くほどの作品となり、7月の草稿作りと比較して著しい成長を見せたと思う。だが、これは図5のとおり、教師による加朱添削の賜であって、学生自らの工夫によって到達したものとは言えない。
　一方、図11の通り、ほとんどの学生は次への課題を把握できており、図12の通り、作品に目を向けることの必要性を実感できている。教師からのアドバイスを上回っていることに安堵を覚える。学生のこうした自主性の芽を大事に育てるようにしたい。
　上記①～④をまとめると、次のア～ウがあげられる。
　ア．用筆・運筆、用具・用材といった基本的な知識技能を補完する。
　イ．展覧会等を鑑賞する機会を増やすなどし、更なる鑑賞力を磨く。
　ウ．参考作品の図版や資料等を自ら収集整理できるよう情報検索・処理能力を身につける。
　このことを踏まえ、今後の授業実践を展開していかなければならないと考える。

第6節　手書き文字の個性の教育

はじめに
　詩文・語句探しは、「自分らしい表現」を目指した個性の教育になくてはならない活動であり、これまでの受け身の学習を主体的な学習に転換するためにも、この活動を書道の学習に位置付けていく必要がある。また、一人一人が自らの作品に良さを見出していくために、学習者が相互に積極的に関わり合う場面が求められる。本稿では、自分の作品に良さを見つけ、それを洗練させていこうとする段階において、学習者相互の関わりを生かす書道授業の試みから得られた成果について考察する。

1　本実践のテーマ
　本実践は、次の二つの研究に連続するもので、手書き文字の個性の教育については、特に高等学校書道におけるそれに関連する。書道授業を、より主体的で創造的な活動にしていくために、一人一人の文字の個性に気づく学習を通して改善を目指そうとするものである。
　①「手書き文字の個性の教育に関する研究方向性」広島大学学校教育学部附属教育センター『学校教育実践学研究』第6巻、pp.27-37（2000.3、松本仁志、谷口）
　②「新しい学びを創造する書道教育に向けての試論－高等学校書道における創作を中心に－」全国大学書写書道教育学会『書写書道教育研究』第15号、pp.51-60（2001.3、谷口）
　広島大学附属高等学校の書道授業においては、これまでにも「自分らしい独自の表現」を目指した実践を行ってきた。その過程で浮き彫りになった課題を集約すると次の2点になる。
　①自分で表現を見つけようとしない生徒が散見されること。

②書かれた語句が、高校生として必ずしもふさわしいものとは言えないこと。

　これらの課題は、いわゆる手本を与えられるままに書き写すだけの受け身の活動から生じた結果であると考えられる。

2　テーマ設定の理由

　第1希望で書道を選択したにも関わらず、今ひとつ主体性に欠ける生徒は毎年のように散見され、こうした生徒への支援の在り方がこれまでの課題となっていた。この中には、書写力はそこそこあり、与えられた課題を真面目にこなす生徒も含まれている。こうした生徒は、いわゆる手本があれば、一定レベル以上の作品を制作できるが、進んで表現を見つけようとせず、書道の知識にも鑑賞にも興味を示さない。

　「誰が」「何を」「どのように」書いたかは、書道作品を評価する際の視点である。これまでの書道授業は、「どのように書いたか」に偏る傾向があったのではないか。今後、学習者の主体的な学習活動を授業の中心に据えた学習過程を構築していこうとするとき、「何を書く」のかという活動はもっと重視されるべきであろう。

　受け身の学習を主体的な学習に転換するためには、「詩文・語句探し」を書道の学習に位置付ける必要がある。「詩文・語句探し」を学習のスタートとし、学習者相互が積極的に関わり合い、一人一人が自分の作品の良さに気づいていくことができるかを検証したい。

3　改善の方向性

(1) 「主体性」に関して

　平成11年度版学習指導要領の「表現の構想から完成の喜びに至る過程の指導を通して、主体的に自己実現を果たしていく態度の形成を図るよう配慮する」ためには、「意図に基づく表現の構想と工夫」が求められることになった。生徒が自分から「こんな作品を作りたい」と思えるような支援の在り方を工夫していかなければならない。そのためには、

生徒の思いや日常生活といった身近なところから題材を設定することも必要であろうし、また、書道の本質に関わる題材を深く掘り下げて扱っていく場面も必要であることは既に検証済みである。

(2) 「個性」に関して

個性の教育については、少人数によるクラスを設定し、きめ細かな指導を通して生徒の個性を引き出そうという立場もあるが、30人なり40人なりで学習することによる効果も忘れてはならない。生徒が互いの作品を比較し、批評し合えるような場面では、人数が多いからといって学習効率が低くなるとは言えない。グループ学習を設定するなどの工夫次第では、学習者相互の働きかけが期待できよう。「自分らしさ」は、他との比較を通してはじめて認識できるものと考えている。

(3) 「創造性」に関して

書道作品においては、「画期的」で「斬新な」作品を制作することの意味はあまりない。学習の場においては特に、誰が見ても好感のもてる作品に高めていくことを重視すべきであると考える。つまり、創造性は、出来上がった作品のみで評価するのではなく、教師も生徒も学習課程を大切にする姿勢から育まれていくものと考えている。

創造性は、ただ文字を書く作業を繰り返す学習からは生まれない。学習者一人一人が制作意図をもち、それに向かって工夫し、互いが批評し合い、教師の的確な支援が必要になる。特に教師は、それぞれの場面において学習者にどのような活動をさせたいのかを明確に示し、資料や用具も周到に用意しておく必要がある。

生徒主体の学習とはいえ、教師の積極的な働きかけがあってこそ、創造性豊かな学習活動は展開されていく。教師は、最終的にどのような作品に仕上げさせたいのか、明確な方向性をもって支援にあたるべきであり、決して生徒任せにしてはならない。

4 テーマに基づく改善の具体的方法

上述の方向性にたって、「詩文・語句探し」を活動のスタートとし、制作場面ではグループ学習を設定して、活発な学習活動になるよう改善を試みた。

(1) 「詩文・語句探し」を位置づける

まず、書道作品にふさわしい詩文・語句を探すよう、課題を出す。教室内で展示、鑑賞できる大きさの作品という条件をつけ、あまり長い文章は避けることを確認する。探してきた詩文・語句は、プリントに一覧で示し、グループ内で、どのような詩文・語句が書道作品にふさわしいかを検証させた（図1）。

その際、教科書に所収の作品から、本来書道はどのような詩文・語句を書くのかということも確認させるようにした（グループごとに分担、それぞれ板書する）。

検証をもとに、再度、詩文・語句を探すように促し、教師の評価もこの時点で示すようにした。つまり、「ある程度の時間の鑑賞に耐えられるか」「新鮮な若者らしさが感じられるか」「まとまりの良い作品になりそうか」といった観点を示し、軽薄な語句は除くようにした。

(2) グループ学習の設定

4名ずつのグループを設定し、意見交換が活発になるよう、机の配置を変えた。4名は、仲の良い、気心の知れたもの同士という設定で、機

図1 探してきた言葉評価用紙

探した言葉	鑑賞度	スタイル度	新鮮度	知的度	若者度	合計
「やってみる」という言葉はない。「やる」か「やらない」かだ。	2	2	2	2	1	9
考えるな。感じろ。	3	2	2	2	2	11
どうせ生きるなら、生きてる事を楽しくした方がいい。	2	2	3	2	3	12

第1章　学習観の変化と授業研究の方向性

図2　制作意図

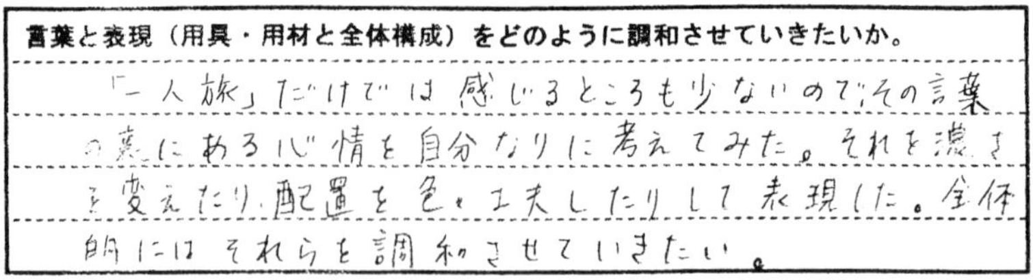

言葉と表現（用具・用材と全体構成）をどのように調和させていきたいか。
「一人旅」だけでは感じるところも少ないので、その言葉の裏にある心情を自分なりに考えてみた。それを濃さを変えたり、配置を色々工夫したりして表現した。全体的にはそれらを調和させていきたい。

械的に分けたりはしていない。グループ学習を通して、学習者相互が関わり合い、比較しながら作品を制作できるよう配慮したつもりである。

(3) **制作意図を明確にするために**

意見交換は、ほとんどの場面で、プリント記入という形をとった（図2）。文章にすることによって、制作意図を明確にするためである。仕上げの段階では、言葉に込められた「制作意図」と「表現」との関係を、口頭で発表する場面を設定した。

(4) **作品掲示の工夫**

教室後部の壁面に掲示することは、机上で鑑賞し合う時には気づかない課題が明確になるメリットがある。授業の始めには、教師が短評を述べ、今後改善していくべき点について確認するようにした。また、全体の完成度を知ることができ、効果を再確認した。

さらに、インターネットのホームページ内に掲示し、学校外への発信ということから、制作意欲を喚起するようにした。

(5) **相互批評の活性化**

グループ内での相互批評の場面では、互いがプリントに批評を記入する形をとった（図3）。その際、できるだけ良い部分を取り上げるようにすることで、それぞれの作品の良さを認め合えるようにした。

また、上述のホームページ上に掲示板を設け、自宅など、時間を気に

図3 相互評価プリント

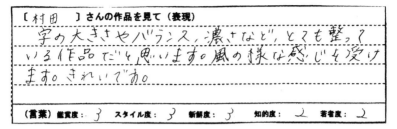

図4 ホームページ掲示板

せず批評し合えるようにするとともに、グループ以外の作品についても批評できる機会を設定しようとした（図4）。

5 授業の実際

実施時期　2001年9月～11月

対象　広島大学附属高等学校第1学年書道選択生39名
　　　（男子20名、女子19名）

題目　わたしの言葉・わたしの書

実践の経過をまとめると、図5のようになる。当初の予定よりも余裕のある中で実践できたが、今後は時間の短縮を図ることも可能と考えている。

第1章　学習観の変化と授業研究の方向性

図5　「わたしの言葉・わたしの書」学習経過

日時	学習内容・目標	学習活動	教師の支援	キーワード
2001年 9月20日 5・6時限		宿題 ・言葉を探してくる。 ・身のまわりの書を探してくる。	・書作品にふさわしい詩文・語句という設定。	言葉探し 身のまわりの書
9月27日 5・6時限	用具・用材の表現効果を試す。（半紙に漢字1文字）	○用具・用材の表現効果を試す。（薄い墨で書く・半紙を濡らしておいて書く・左手で書く・筆以外のものを使って書くなど）	・制作にルールがないことを徹底するようにする。	用具・用材
10月6日 1・2時限	探してきた言葉が書作品にふさわしいかどうかを検証する。	○教科書に所収の作品に書かれている言葉をあげる。1グループで分担（9ページずつ）、それぞれ板書する。 ○自分たちが探してきた言葉が書作品にふさわしいかどうかを検証する（プリント）。 宿題 ・もう一度言葉を探してくる。	・書の扱う言葉の広さを実感させるようにする。 ・検証のための基準を示す。（鑑賞度・スタイル度・新鮮度・知的度・若者度）	書の広さ 言葉の検証 言葉探し
10月11日 5・6時限	試作①（半紙）	○言葉を決める。 ○漢字・平仮名ともに書道字典（角川書店）で調べる。気に入った文字があれば使う。 ○配置を考える。 ○グループで相互批評する。（プリントに記入）	・もう一度探してきた言葉をプリントして配布。 ・普遍的な字形が鑑賞度を高めることを理解させる。 ・散漫な配置になる生徒には、鉛筆で形を書かせる。	（古典） 配置
10月20日 3・4時限	試作②（半切1/3）	○選んだ言葉と、表現意図が言えるようになる。 ○教室に掲示することを前提として制作していく。 ○制作後、グループで相互批評する。（プリントに記入）	・表現が中途半端な生徒については、「読めるか読めないかの限界に挑戦させる」ようにする。	表現意図
11月3日 1・2時限	試作③（半切1/3）	○個性的な作品にするためには、線質を工夫することが不可欠であることを知る。 ○集めてきた「身のまわりの書」のプリントを参考にしながら、書写における楷書の筆使いではなく、独自の線質になるよう工夫する。	・作品を教室の壁面に掲示。 ・いくつかの作品を取り上げながら、教師の評価を示す。淡墨が多いことを指摘した。 ・起筆に着目させる。 ・授業後、ホームページ作成。	線質 身のまわりの書
11月8日 5・6時限	試作④（半切1/3）	○選んだ言葉と、表現意図を整理する。 ○完成度を高めることを目標に、もう一度制作する。	・作品を教室の壁面に掲示。 ・ホームページの作成を告げる。 ・教師の書いた代案をそれぞれの生徒に示す。	表現意図
11月16日 4時限	仕上げ（半切1/3）	○仕上げをする。 ○選んだ言葉と、表現意図の関係を発表し、作品を通して思いを伝える。	・作品を教室の壁面に掲示。 ・今後の学習の方向性を示す。	表現意図 （古典）

仕上げの段階の、まとめの授業（11月16日4時限）は、広島大学附属高等学校の研究大会において公開授業を行った。その際の学習過程と、板書を示す。授業の山場は、グループの代表による制作意図の発表の場面であったが、堂々と発表を行い、立派であった。まとめとして、それぞれの作品の良さを洗練させていくべき方向性を示した。

本時の学習目標
1. 表現したい意図をわかりやすく説明することができる。
2. 表現したい意図に沿って作品を完成することができる。

本時の学習過程

学習活動	教師の支援
○前時の学習内容と本時の目標を確認する。	・前時までの経過を確認し、表現したい意図がはっきりしないところを各自で確認させる。
○最終的な表現意図を明確にする。　　（5分）	・説明できることが、明確な表現につながることを押さえる。（言葉、用具・用材、全体構成など）
○半切1/3に作品を完成させる。　　（20分）	・明確な表現にするためには、線質にこだわらなければならないことに触れる。
○グループ内で完成した作品を批評し合う。（5分）	・他の作品と比較して優れているところを見つけさせる。（プリントに記入させる）
○全体で発表し合う。　　（15分）	・グループの代表一人ずつに作品を掲示させ、口頭で発表するよう促す。
○学習のまとめをする。	・生活との関わり、友人との関わり、用具・用材との関わり、古典との関わりなどで作品制作は深まっていくことを確認する。

第1章　学習観の変化と授業研究の方向性

板書

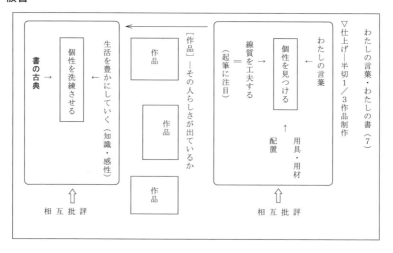

6　実践の成果と問題点
(1)「詩文・語句探し」について

　夏休みを利用するなど、もう少し時間をかけて探すよう計画すべきであったが、学習を進める中で、自分の表現に合わせて変わっていくこともあり、事前に時間をとればいいというものでもないようだ。概ね自分の思いを言葉にし、表現することができたのではないか。
　生徒が選んだ語句は、「歌詞」から採ったものが11名と多かったが、「前向き」な気持ちを表現しようとしたもののほかに、「もやもやした」気持ちをなんとか表現しようとするものも見られた。

図6　最終的に生徒が選んだ言葉一覧

永遠の風吹く場所へ	ぼっち
心打つ滝	考えるな感じろ
豪快に生きろ	最後の幻想
心の中に永遠なる花を咲かそう	世の果てににている漆黒の羽
立志	夕焼け小焼けの赤とんぼ
若武者	月下美人

第6節　手書き文字の個性の教育

竜に攀じ鳳に附く	紅い陽炎
遙かかなたに	春よ来い
一人旅　何か探しに	ずっとずっと笑っていることができましたか
究極	言葉にできない
思惟する自我	言葉は心を越えない
上を向いて歩こう	自己流
天誅	志
真向勝負	優しさだけじゃ生きられない
たった一人の君を生きて	大根
天衣無縫	無我夢中
空は明日をはじめてしまう	透明な眼で
相思相愛	永遠に
月光	無限
幸福	

　学習の場である限り、なぜその言葉を選び、どう表現したかったのか、制作意図をきちんと説明することを重視すべきであろう。最終的な作品が、本人の気に入らない場合であっても、解説を聞けばなるほどと思える場合もあった。

　授業後のアンケートでは、授業を通して難しかった点について次のように答えているが、言葉探しについて難しかったと答えた生徒は少数であった。

　また、「自分の気持ちを言葉と表現に託すことができましたか」の問いには、まあまあも含め、「できた」と答えた生徒が1名を除く38名という結果になっている。ほぼ全員の生徒が何らかの意図をもって制作にあたり、自分の思いを言葉と表現に託そうとしてたことが、アンケートからも読みとれる。今回は受け身の生徒は

図7　授業後のアンケートから

言葉探し	3人
配置	11人
自分で表現を考えるところ	6人
線質	6人
書体（くずし方を工夫する）	5人
字形	5人
気持ちを作品に込めながら書くところ	4人
墨色	3人
新鮮さを出すところ	2人

（39名　複数回答あり）

見られず、主体的な学習活動が展開できたのではなかろうか。

(2) グループ学習について

　グループ学習は、協力し合って課題を解決していくためのものであろうが、今回の場合はそれが機能したとは言えない。他者の作品を意識しながらの制作は、意欲を喚起できたかもしれないが、助け合って制作していく場面は、残念ながら見られなかった。共同作品を制作するなどの配慮が必要だったように思う。

　プリントに記入する形での生徒の相互評価では、なんとか良さを見いだそうとする姿勢がにじみ出ている。残念だったのは、評語を知らなかったり、評価の観点がわからなかったりして、スペースを埋めるだけに終わっている者もあった。授業の目標を明確にし、評価の観点として位置づくような配慮が欠けていたのかもしれない。

　相互評価を通して作品の完成度を高めることがねらいであったが、今回はそのよう場面は見られなかった。書道に関する知識も鑑賞眼もないところからは機能しないということを再認識した。この段階では、項目を具体的に示した評価カードを用意するなど、わかりやすく記入しやすい形式を工夫すべきだったように思う。

　授業のみならず、自宅でも評価できるように、インターネットの掲示板を使ってみたが、初めての試みでもあり、成果があったとは言えない。生徒の指摘には、「作者の制作意図も載せておくべきだった」「作品を見ながら書き込みができない」などがあり、今後の工夫が求められる。インターネットに接続していない家庭もあり、また、校内においても気軽に使えるコンピュータが整備されていない状況があった。掲示板を使ったのは良いと答えた生徒は4名。良くないと答えた生徒は6名いた。

(3) 作品の良さをどう洗練させていくか

　生徒の学習意欲を喚起するためには、本質を追求する学習を設定する

第6節　手書き文字の個性の教育

必要がある。書道の本質として考えられるものはいくつかあるが、その一つとして線質に注目し、「自分らしい」表現に生かしていこうと試みた。線質の違いを表現しようとするには、始筆の筆使いに注目することで可能になる。

　書写授業においては、日常の硬筆に資する単純でわかりやすい筆使いを徹底しようとするため、画一的な線質になるのは致し方ない。書道授業にあっては、線質の違いを積極的に表現することで、異なった雰囲気の作品になることを学習する。自分の選んだ言葉には、どのような線質が合致するのか、また、鑑賞する際には、それぞれの作品がどのような線質で表現しようとしているのかに注目することで、筆者の意図をくみ取ることが可能になる。

　本実践では、積極的に線質の違いを表現するために、筆以外のもので書いても良いことにしたところ、3名の生徒が、紙を丸めたり、木べらを使ったりしながら書く姿が見られた。こうした実験的な姿勢は大切ではあるが、発展性はあまりない。用具・用材への理解と、運筆の学習を通して表現の幅は広がっていくだろう。

　今回の作品の線質や構成を洗練させていくためには、自分の表現意図に沿った書の古典の学習を進めていく必要がある。最後のまとめの授業で方向性を示しているが、表現意図に合致する古典をそれぞれ紹介し、今後の学習への意欲を喚起したつもりである（図8）。書の世界は広く、書き方のパターンは出尽くしていることを理解してくれたものと思う。

7　今後の課題

　平成11年度版学習指導要領では、書道Ⅰにおいて「漢字仮名交じりの書」が必修になり、「漢字の書」および「仮名の書」が選択になったのは、生徒の興味関心を引き出し、主体的な活動に発展させていこうという意図があると解釈している。本実践では、「漢字仮名交じり文」に限定することなく、「言葉探し」を設定したが、生徒の主体的な活動を書作品として表現しようとする意図は同じである。これまで、古典の臨

図8　生徒作品および今後選択して学習する古典の方向性

漢時代の隷書を学習し、字形と線質を洗練させる。

王羲之のオーソドックスな作品を学習し、字形と線質を洗練させる。

新時代の「爨宝子侯刻石」などを学習し、線質を洗練させる。

懐素「自叙帖」もしくは良寛の作品を学習し、線質や、構成を洗練させる。

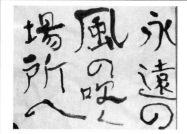
鄭道昭筆「鄭羲下碑」などを学習し、線質を洗練させる。

空海筆「灌頂歴名」などを学習し、字形と線質を洗練させる。

蘇東坡筆「黄州寒食詩巻」などを学習し、線質を洗練させる。

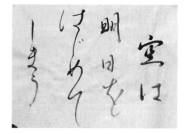
平安時代の仮名を学習し、平仮名部分を洗練させる。

書→倣書→創作と展開していた学習の流れを転換し、まず書いてみる。その中に「作品の良さ（＝個性）」を見いだすことができれば、古典に還っていくという流れによって、この「作品の良さ」を洗練していけそうである。今後は、個性を洗練していく段階での実践を行い、こうした学習の流れの検証を行っていきたい。

　この書道Ⅰにおける「漢字仮名交じりの書」の必修は、中学校国語科書写との連接について一層の緊密化を図るねらいがある。中学校国語科書写にあっても、「漢字仮名交じり文」の書写力の育成を学習の中心に据えて、取り組んでいかなくてはならないだろう。「言葉探し」と同様の活動を取り入れるなど、国語学習との関連を意識しながら、主体的な学習を展開していきたい。

　生徒それぞれが違った古典や題材を選択して活動する。そうした授業形態への対応として、機器や書籍も含めて、生徒が主体的に活動できる環境整備が必要になる。教師は、生徒の要望に応える柔軟性をもちつつ、意識の転換を図っていかなければならない。

　これからの書道授業を構築していく上で「主体性」「個性」「創造性」と三つの課題を提起したが、これらは一つずつ解決されていくべきものではない。授業では、これらが常時絡み合い、相互に作用し合いながら相乗効果として機能していく。この三つを包括する活動を繰り返すことが、やがて、生徒の生きて働く力となっていくものと考える。

　書道を通して「感性を育成する」ことは、まず、互いの良さを認め合うことからはじまる。われわれ日本人は、関わりの中で生活しており、欧米でいう確固とした「個人」として生きていくことは難しい。それぞれが自分の良さに気づき、それを洗練させていくことを通して、「その人らしさ」が表出していくものだと思う。手書き文字にあっても、「その人らしい」文字を書いていくために、学習者相互の関わりを生かすような学習課程の構築を目指していかなければならない。

第 1 章　学習観の変化と授業研究の方向性

参考文献

長野秀章「これからの書道教育 (1)〜(9)」『中等教育資料』1999 年 11 月号〜2001 年 11 月号

第2章

教育機器の活用と書道授業

第1節　学習方法の変化と教師の役割

はじめに

　情報化は避けて通ることのできない社会現象であり、情報化へ対応した教育はどうあるべきか、また、教師としての必要な知識や技能は何か。情報化への急速な流れの中で、教師自身の意識改革が求められて久しい。

　情報化への急速な流れは、例えば携帯電話の普及にみられる。2000年8月末における携帯電話（自動車電話を含む）の加入台数は、5500万台を超え、前月比1.2％の増加だったものの、そのうちインターネットに接続できる携帯電話の数は、全携帯電話の3割にのぼり、3台に1台はインターネットに対応している計算になる。しかも前月比、実に15％という大幅な伸びだという[1]。

　生徒の携帯電話所有は、今や3割を超え、家庭でもコンピュータを自由に使える状況にいる生徒は7割に達している[2]。生徒の日常生活にも、情報化は確実に押し寄せているのである。

　情報化への対応として、1998年7月の教育課程審議会答申は、「小学校、中学校及び高等学校を通じ、各教科等の学習においてコンピュータ等の積極的な活用を図ること」として、総合的な学習や、技術・家庭科および新教科「情報」のみならず、各教科学習におけるコンピュータの積極的な活用を明確に打ち出すに至った。

　本稿では、コンピュータやインターネットが授業へ導入されることによって学習方法に変化はもたらされるのか。また、こうした状況に対する我々現場の教師の役割とはどんなことなのか。2000年度一学期の総合的な学習の時間で行った、コンピュータとインターネットを活用した実践の事例をもとにしながら、私見を述べてみたい。

第 1 節　学習方法の変化と教師の役割

1　実践の概要
総合的な学習
「こんな職業こんな仕事」（対象　広島大学附属中学校第 2 学年）
　実施時期　2000 年 5 月～7 月
　※情報分野を含む総合的な学習という位置づけである。
　※6 名の教官が分担し、2 名で 1 クラスずつを担当。谷口が担当した 2 年 B 組（男子 21 名、女子 19 名）は、越智玲子教官との T.T である。
　※授業後にアンケートを行った。（本稿で授業の分析に使用した数字は 2 年 B 組のものである）

学習目標
1. インターネットで必要な情報を選び出し、自分の意見としてまとめることができるようになる。
2. 自分の意見をわかりやすく発表できるようになる。
3. 必要な仕事があることを知り、自分の進路を考えることができるようになる。

学習過程　（計 7 時間）
　第 1 次　学習内容の説明とインターネットの操作について。
　第 2 次　三つのテーマから一つを選び、課題とする問題点を見つける。
　第 3 次　問題を解決するための意見をまとめる。
　第 4 次　プレゼンテーションソフトでわかりやすく発表する。

授業にあたって
【できるだけ多くの仕事を知ろうとするための手だてとして】
　インターネットでなくても、職業調べは可能であろうが、インターネットの授業における可能性を知りたい。1998 年 8 月に発表された「情

報化の進展に対応した教育環境の実現に向けて（情報化の進展に対応した初等中等教育における情報教育の推進等に関する調査研究協力者会議　最終報告）」では、情報手段を、コンピュータやインターネットに限定しており、今回の実践では、コンピュータとインターネットを主として使用することにした。コンピュータやインターネットを使うこと、それ自体が生徒にとっては楽しみであり、使いこなして情報収集できたということは、達成感に繋がっていくことだろう。しかし、それだけでは「生きて働く学力」にはつながっていかない。主体的な学習を支える原動力のようなものに欠けている。

　主体的な学習にしていくためには、生徒一人一人にとって切実な問題となるよう、教師の支援が必要になってこよう。自分から進んで「調べてみたい」と思えるような課題の提示を考えたい。さらに、「生徒の願い」といったものを引き出していけるような活動を盛り込んでいきたい。

【課題設定の工夫】
　生徒が知らない職業も出てくるような課題の設定が必要である。
1. 広島をより暮らしやすい街にするためには、どんな仕事が必要だろうか。
2. 今の日本をより良くするためには、どんな仕事が必要だろうか。
3. 21世紀も地球をこのまま維持していくためには、どんな仕事が必要だろうか。

【課題設定によって】
　こうした問題に取り組んでいこうとすれば、既存の職業に収まらない場合が出てくるだろう。生徒が「新しい職業を創り出す」、そういった学習になればおもしろいと思う。既存の職業、例えば医師について調べるとすれば、これからの時代、どんなタイプ、どんな仕事を進んでするような医師が求められるのか、そういった自分の意見を含んだ調べ学習

にしていきたい。

2　生徒の願いと主体的な意欲を課題発見に生かす

　総合的な学習を進めていくにあたり、学習者の求めや願いを反映させて、課題を決定すべきであるとの意見がある。自分から進んで活動をしていくのだから、学習者自らが課題を発見して探究すべきだとするのはもっともである。しかし、実際には「何をやりたいか」と生徒にたずねてみても、「わからない」とか「別に」といった答えが返ってくる。それは、学習への意欲が全くないというわけではなく、生徒は常に「知りたい」「わかりたい」と願っていると信じたい。生徒が本来的に持っている、その願いを引き出していくのが教師の役割であろう。

　本実践の場合、大きくは、中学校2年生として自分の将来を考えるという目標がある。27名の生徒は自分の将来を考えていると答えているが、三つのテーマ設定が適当だったかの質問には、適当14名、不適当17名、どちらともいえない9名となっており、不適当と答えた生徒の中には、「テーマが広すぎる」が数名あった。

　流れとしては、「自分にとってこんなことをしてくれる人がいたらいいのに」「住んでいる街がもっと便利になるにはどうすればいいのか」「日本として問題点はないか」「地球をこのまま維持していくにはどんなことが必要か」などについて、プリントに記入し、その中から生徒が課題を決定するようにした。身近な生活の中から問題点を導き出したかったにも関わらず、真に自分の問題として捉えられていない。

　結局、課題決定までに2時間を要してしまった。三つのテーマが適当だったと答えた生徒の中にも、「考えなくてはいけない大切な問題だから」などの理由をあげ、自分の興味・関心から調べてみたいと思えるような課題発見には繋がっていない。生徒が自分で課題を発見するのは容易ではなく、教師の力量が問われる部分である。課題発見までの支援の方法は、早急に確立されていかなければならない。

　これまでの実践を振り返っても、生徒自身で課題を見つけることがで

きるのはまれで、導入部分での周到な支援は必須であった。総合的な学習では学習過程が重視され、生徒主体の調べ学習が主流であるが、その質はもっと問題にされなければならない。高久[3] によれば、自主性の本質は「価値指向性」にあり、「もっとわかろう」「もっとできるようになろう」との意欲は、「わかった」「よくできた」という体験の積み重ねによってはじめて培われるという。よくわかることの満足や充実感がないところから意欲の高まりは期待はできず、自主性の教育の眼目となる価値指向性の伸長は、教師の積極的な指導性を離れては考えられないと述べられている。

　生徒主体の学習であればあるほど、教師の積極的な働きかけは必要となる。しかも、授業なのであるから、周到で意図的な働きかけでなくてはならない。その意味で、総合的な学習にあっても教師の役割は、各教科学習と何ら変わることはないのである。

【実際に生徒があげた仕事（主なもの）】
- 少年犯罪を防止する仕事（4人）
- 交通事故を減らす仕事
- 市内のいろいろなところに行ける交通機関を考える人
- 通勤時間を短縮する環境を作る人
- ゴミのリサイクルを考える仕事・環境を守る仕事（8人）
  （木の伐採を助けて保護する仕事・砂漠化を防止する仕事）
- サッカーを盛り上げる仕事
- 町中に絵を描く人
- 精神的に苦しんでいる人がもっと減るよう考える人
- 感染症になる前に、その地域に行く前にその地域にある感染症を説明する医師
- バリアフリーを推進する会社、仕事、ボランティア
- ペットを大切にし、ペットのことを一番に考えられる仕事
- 動物を保護する人

- 自然災害で困っている人を助ける仕事
- 天文学と生物学とを合わせた分野の仕事
- 食べ物がなくて困っている人を助ける仕事
- 作家・漫画家・映画監督・板前さん

3　コンピュータやインターネットによって学習方法は変化したのか

　このように課題の発見に時間を要したことは、情報活用能力の育成に問題があったのではないかという反省が生じる。

　この「情報活用能力」という言葉は、1986年4月の臨時教育審議会第二次答申において「初等中等教育などへの情報手段の活用を進め、それを通じて情報活用能力（情報リテラシー）の育成を図る必要がある。」と初めて使われ、さらに、1998年8月の前掲「情報化の進展に対応した教育環境の実現に向けて（情報化の進展に対応した初等中等教育における情報教育の推進等に関する調査研究協力者会議　最終報告）」において明確に定義された。報告書は、「情報活用能力」について、次の三つを定義している。

(1) 課題や目的に応じて情報手段を適切に活用することを含めて、必要な情報を主体的に収集・判断・表現・処理・創造し、受け手の状況などを踏まえて発信・伝達できる能力
　　　　　　　　　　　　　　　　　　　（情報活用の実践力）
(2) 情報活用の基礎となる情報手段の特性の理解と、情報を適切に扱ったり、自らの情報活用を評価・改善するための基礎的な理論や方法の理解　　　　　　　　　　　　　　（情報の科学的な理解）
(3) 社会生活の中で情報や情報技術が果たしている役割や及ぼしている影響を理解し、情報モラルの必要性や情報に対する責任について考え、望ましい情報社会の創造に参画しようとする態度
　　　　　　　　　　　　　　　　　　　（情報社会に参画する態度）

　本実践での課題発見には、インターネットを使用しており、生徒はこれらすべての力を総動員して取り組むことになったはずである。しかし

ながら、その学力の習得が不十分であったために、これだけの時間を要し、価値指向性を導き出すに至らなかったといえる。

　この「情報活用能力」は、一人の教師の力量というよりも、もっと広い視野に立って考える必要がありそうである。ある教科での実践が他の教科での実践でも生かされるような「横」のつながり、要するに授業に関する情報を共有できるような教師同士のネットワーク作りの必要性を感じる。さらには、学校レベルで系統的に組織されて習得を目指していくような、そういった取り組みにしていかなければ、育成されないものなのではなかろうか。

　ところで、情報活用能力の育成で限定されるコンピュータとインターネットで、果たして「わかった」「よくできた」という満足感・充実感が得られるものだろうか。生徒が自ら進んで情報を「収集・判断・表現・処理・創造」し、「受け手の状況などを踏まえて発信・伝達」していくには教師のどのような支援が必要なのだろうか。

　インターネットを一度でも経験すればわかるが、画面からは洪水の如く情報が押し寄せ、自分の必要な情報を見つけるのに苦労する。ネットサーフィンと言われるように、次々と情報の海を浮遊する、それはそれで好奇心旺盛な生徒たちには楽しいことだろう。しかし、これはただテレビを見るのと同じであり、授業とは言えないのは当然である。インターネットに触れるための授業を目指すのではなく、コンピュータとインターネットを活用して学習し、何かを習得しようとするのが大前提である。インターネットを見るだけならば操作は簡単で、その通り23名の生徒は、簡単な操作で使えたと答えており、難しかったと答えたのは4名に過ぎない。どちらともいえないと答えた生徒は、「だんだんできるようになった」に混じって、「知りたい情報が見つからない」ことに気づいたものであった。

　これまでの固定化した知識や技能の効率の良い習得を目指す教育は、コンピュータやインターネットの登場とともに転換を迫られていると言われている。固定化ということで言えば、従来の情報は、いわば固定化

された情報であり、逆にインターネットによる情報は、止まることなく変化する情報であると言えよう。インターネットのような変化する情報を扱い、コンピュータを使って処理することによって、「試行錯誤」という、これまでは排除されてきた学習形態が生まれた。

「試行錯誤」はコンピュータではごく当たり前のように行われる。時にコンピュータは人間が創り出すもの以上のものを創り出す危険性を孕んでいるが、概ね一定の水準で問題を解決してくれる。「試行錯誤」、この無駄に見える活動は、生徒の「主体的な」学習の一面を支えているとも言えはしないか。

なお、「試行錯誤」に注目して行った実践は、谷口が担当している中学書写の授業にも一例がある[4]。この実践報告の中で、「時間の短縮や、全体のレベルアップに有効であることが確認できた。」と述べたが、無駄に見える試行錯誤は、結果として時間の短縮を生み、一定の学習成果をもたらす可能性を秘めている。ただし、目的もなく試行錯誤を繰り返しても時間の浪費に繋がるのは当然で、教師も生徒も学習の目的を明確に把握しておく必要がある。特に教師は、学習の答えを示すことよりも、生徒が試行錯誤しながら答えを導く過程を、デザイン、あるいはコーディネートしていく役割があると考える。

学習過程をデザイン、コーディネートしていくという教師のスタンスは、やみくもにコンピュータを授業に導入することとは対極に位置する。例えば、コンピュータを使って作文を書いたからといって、学習効果が上がるというものではなかろう。

このことは授業の方法に関わってくる問題であり、コンピュータやインターネットは、方法の本質と考えられるものを根本的に変えるものなのだろうか。

方法とは方法のための方法ではなく、目的のための方法である。あくまでも学習の目的があって、そこに至るまでの道筋であるとも言える。前掲高久は、「方法は単純な目的―手段関係、または因果関係の図式によって機械的に決定されるような没個性の技術ではない。方法は自由な

人間の行為である。だから、ひとりひとりの人間の自由な主体的な決定の結果として、同一の目的に対しても、あの方法、この方法という個性的な方法が導きだされるのである」と述べている。

　方法が単純な目的－手段関係、または因果関係の図式によって機械的に決定されるような没個性の技術ではないとすれば、それぞれの学習場面に応じた方法が自ずと選択されることになる。その選択肢の一つにコンピュータやインターネットの活用もあるという理解が必要であり、選択するのは一人の意志を持った生徒なり教師である。したがって、コンピュータやインターネットは方法の本質と考えられているものを根本から変えるものではないと言えよう。

4　機器の操作能力と活用能力の関係

　コンピュータやインターネットの操作については、中学校2年生では、25名の生徒が「使いこなしたい」と答え、「必要ない」は5名であるが、理由は「難しいから」と答えている。教師は「生徒にはコンピュータを与えておけばよく、次々に新しい機能を見つけてきては問題を解決していく」といったイメージがあるが、コンピュータやインターネットに忌避感を抱く生徒が必ず存在することを忘れてはならない。

　本実践は、「パワーポイント」を用いたプレゼンテーションによって意見や資料の整理を試みたが、操作の習得に手間取ってしまったことは否めない。このソフトウエアの習熟は、中学校2年生でも可能であると予想していたが、基本操作について手際よく提示できなかったことが反省点としてあげられる。

　ところで、教師の支援に、コンピュータやインターネットの操作能力は必須の要件となるのだろうか。

　2000年夏、広島県立教育センターにおいて谷口が担当したコンピュータ研修会では、参加された先生の大半から、「活用の仕方がわからない」の声に加え、「コンピュータは難しそうで……」といった、コンピュータの操作に対する、不安と焦りの声を耳にした。

第1節　学習方法の変化と教師の役割

　ちなみに、毎年行われている「学校における情報教育の実態等に関する調査」（2000年3月31日現在）によると、コンピュータを操作できる教員は、全体で66.1％（前年度57.4％）であり、中学校67.2％（59.3％）、高等学校73.8％（67.6％）となっている。また、コンピュータで指導できる教員は、全体で31.8％（26.1％）、中学校で29.7％（26.1％）、高等学校で28.1％（26.0％）となっている。

　誤解のないよう断っておきたいのは、コンピュータの操作能力が教師としての資質に直接結びつくわけではないということである。コンピュータ研修会では、この点を強調したつもりである。佐藤[5]は、「学校への急速なコンピュータの導入が、教育の空間や時間や関係の総合的な再編へと結びつくのではなく、むしろ、いくつもの分裂をひき起こしている点に注意する必要がある。」として、教育の二極分解を指摘する。例として「コンピュータに埋没してオタク化する教師、コンピュータを敬遠し忌避する教師。鍵で入り口を遮断されたコンピュータ室とオープン化した壁のない教室、仮想現実によるシミュレーションの学習と直接体験を絶対化する体験主義の学習（以下略）」をあげている。コンピュータに精通しているからよい授業ができるとは限らないし、コンピュータ室に鍵をかけるのも教師である。問題は教師自身にあり、教師の意識改革の必要性が言われるゆえんである。

　機器の操作能力と、活用能力は比例の関係にはない。必要な場面では使わざるを得ず、「この問題を解決したい」という探究意欲があれば、操作能力の問題は解決できると考えている。

おわりに

　今後、いかに性能が向上したとしても、あくまでも「コンピュータは道具である」とのスタンスを支持したい。特別室に入っているコンピュータが、普通教室に導入されるのも時間の問題で、テレビやOHPの仲間入りする日はそう遠くはないはずである。その予測に立って考えると、道具の一つとして、活用の場面を精選吟味していくという姿勢の方

がむしろ大切である。学習とは教師と生徒の相互協力の上に成り立っていくものであろうから、問題解決の手段として生徒が必要としている道具を、教師が一方的に自身の操作能力を理由に用意しないというのは、理屈に合わないであろう。

　課題の追究において、望まれるのは、バランスの取れた教師の支援である。また、総合的な学習や各教科学習など学習内容が異なろうと学習をコーディネートしていくのは教師である。問題解決までの道筋において、教師自らがコンピュータやインターネットをどの場面でどのように使うか、そういった明確なイメージを描くことができるかにかかっているのである。

注

(1) 一般社団法人電気通信事業者協会が、2000年9月7日に発表した資料による。同年9月8日付日経流通新聞など。
(2) 広島大学附属中学校2年生では、40人中13人が携帯電話（PHSを含む）を所有しており、コンピュータは、29人が家庭でも自由に使える環境にあると答えている（2000年9月現在）。
(3) 高久清吉『教育実践の原理』協同出版、1970
(4) 拙稿「書写授業におけるコンピュータの活用——字形の指導——」広島大学附属中・高等学校『国語科研究紀要』第30号、1999
(5) 佐藤学他『コンピュータのある教室』岩波書店、1996、pp.124-125

第2節　授業への効果的な機器の活用

はじめに

　1999年度、広島大学附属中・高等学校では新たにコンピュータ40台が整備され、生徒一人に一台のコンピュータが使えるようになった。今回の整備によって40人一斉の指導が可能となり、他教科では積極的にコンピュータが利用されるようになった。書写・書道においても、従来行われてきた学習過程の中にコンピュータを取り入れることによって、新たな切り口で題材に迫ることができる状況になった。

　さらに、生徒のコンピュータ操作の能力も高くなっており、生徒自らがコンピュータを利用し、試行錯誤的に課題の解決を考えるなど、これまでは不可能であると考えられていた学習法が可能になってきた。

　こうした状況を受けて、書写・書道の授業においてもコンピュータを利用した実践を行い、学習過程にコンピュータを取り入れ、試行錯誤の道具として使ってみた。合科的な実践においては、他教科におけるコンピュータの利用のあり方を見ることができた。これらの実践を踏まえ、現在の書写・書道教育におけるコンピュータ利用の有効性や問題点について考察していきたい。

1　書写・書道の授業でコンピュータを利用する動機

　今年度の整備によって、生徒一人に一台のコンピュータが使えるようになった。これまでの二人に一台という配置では、どうしても共同作業的な内容になったり、待ち時間があったりして、書写・書道の授業で使うには効率の点で問題があった。最新の性能を備えた本体に加え、ディスプレイも液晶が採用され、机上が広く整理されている。最新の機器と、実習にも十分対応できるであろうスペースとを考え合わせて、書

写・書道の授業にも使えるのではないかと考えた。

　他教科の授業においては、コンピュータが積極的に使われるようになり、今ではなくてはならない道具として活用されているという現状がある。例えば国語科においては、図書館での情報収集のみならず、インターネットで検索したり電子メールで情報交換したりするといったことは、日常的に行われるようになっている。それに伴い、生徒のコンピュータ操作能力も備わってきており、基本的な操作（文書作成やインターネットで情報を検索する等）については問題なく行える状況になっている。

　今回、書写・書道でコンピュータを利用する直接のきっかけになったのは、他教科の実践を知る機会を持ったからである。例えば数学科では、数年前から試行錯誤の道具としてコンピュータを活用しており、シミュレーション的な活用の方法で成果を上げている。生徒に興味・関心をもたせるだけでなく、生徒に考えさせたり、理解を助けたりするなど、コンピュータを思考の道具として利用しようとしているのである。
（例）・1次関数の具体例（中学校2年）　・円と四角形（中学校3年）
　　　・対数関数・図形と方程式（高等学校2年）
また、美術科においては、平成10年度版中学校学習指導要領において、コンピュータグラフィックスをはじめとする映像の取り扱いが必修となることから、コンピュータグラフィックスを導入した実践を行おうとしている。

　芸術科書道においては、染谷[1]の実践があり、竹村[2]は、インターネットでの作品展示の他に、コンピュータグラフィックスによる作品制作を行っている。

　こうした実践を踏まえつつ、シミュレーション的な利用と、コンピュータグラフィックスによる表現について、今年度、コンピュータを授業に取り入れてみた。対象学年と内容は図1のとおりである。

　谷口の担当は、中学校国語科書写第1～3学年（各学年3クラス）と、高等学校芸術科書道第1～2学年（各学年1クラス）である。書写につ

第 2 節　授業への効果的な機器の活用

図 1　対象学年と内容

対象学年	内　　容	実施時期
中学校第 1 学年	字形の整え方	1999 年 5 月
中学校第 3 学年	国語科書写と美術科との合科的な学習	1999 年 5 月～7 月
高等学校第 1 学年	漢字仮名交じりの書の発展的な表現	1999 年 10 月～11 月

いては週 1 時間、書道は第 1 学年 2 単位、第 2 学年で 1 単位行っている（高等学校第 3 学年は選択者なし）。

　それに加え、学期単位で行われる総合学習の担当がある。ちなみに 1999 年度は、1 学期の中学校第 3 学年の 10 回分を、3 名（谷口、数学科、美術科の教官）で担当することになった。この実践は、総合学習という位置付けではあるものの、コンピュータグラフィックスを用いた美術科との合科的な学習として行っている。

2　実践の概要
(1)　中学校第 1 学年書写における実践
単元　字形の整え方
単元設定の理由
　中学校第 1 学年最初の授業で、自分の文字の気に入らないところをあげさせると、「字のバランスが悪い」、「何となく変な字だ」といった、字形の整え方に関するものが多く見られる。学習指導要領では、小学校第 3 学年から第 6 学年まで「文字の組み立て方」の指導を継続的に行うことになっているが、その成果が出ていない状況がみられる。
　漢字は、おおまかに「単独文字」と「複合文字」とに分類でき、部分形を組み合わせた「複合文字」はその大半を占める。「複合文字」の漢字を手書きする時、部分と全体の大きさや位置を常にイメージしながら書く必要があるが、それぞれの部分が「譲り合ってできている」ことへの理解が不十分なのであろう。
　こうした状況を踏まえ、部分の位置関係、大きさ、形の違いなどに着

目しながら、漢字を組み立ててみる、という作業を設定した。使用するのは外字作成用のコンピュータソフトである。漢字の一部分がそれぞれ部品として組み込まれており、その部品を拡大縮小しながら次々組み合わせて作成するようになっている。拡大縮小を繰り返しても元の形は劣化せず、しかも操作は簡単で、中学生にも使いやすいソフトだと言える。この作業を通して生徒は、合理的に組み合わせたつもりでも、人間の目で見ると必ずしも整って見えないという微妙な原理に気づくものと思う。

使用ソフトウェア　『漢字職人』2.0（エルゴソフト）

操作は偏やつくりの文字パーツ（アウトライン部品）を選択し、配置、登録、生成をするだけ。従来のドット作成より簡単に短時間で明朝、ゴシックの外字が作成できる。（使用説明書より）

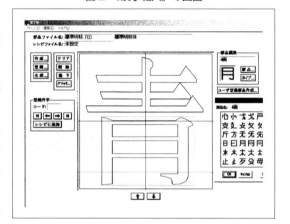

図2　『漢字職人』の画面

授業では、ふさわしい形のパーツを選び、大きさを調節し、配置するというところまでを利用して行い、保存したり、プリントアウトするといったことはしなかった。生徒が行う操作は、マウスのみで作業のできる、単純なものである。

本時の学習目標

1. 文字が部首や部分として使われるとき、位置によって大きさや形が変わることを理解することができる。
2. 明朝体活字と手書き文字の違いに気づくことができる。

第2節　授業への効果的な機器の活用

本時の指導過程

指導過程	指示事項	留意点・機器の操作など
1. 準備	・情報館使用にあたっての注意をする。	・指示があるまでコンピュータに触らないこと。
2. 前時の学習内容を確認する	・教科書体活字から、明朝体活字に。	・許容の書き方についても想起させる。
3. 本時の内容・目標を把握する	・漢字のほとんどは、部分の組み合わせからできている。 組み合わせる時、大切なことは何か	・入学当初のコメントを紹介する。 ・漢字を羅列してスクリーンに映す。
4. 題材を把握する	・「青」「晴」「朝」をコンピュータで作ること。	・整って見える字形にすることを押さえる。
5. 機器の使い方を説明する	・漢字ソフトを使って漢字を作るには。 ・「青」を作ってみる。 ・困った時の操作の仕方について。	・スクリーンへ投影して基本操作を説明する。 ・指示どおりに操作させる。 ・プリントを配布して必要な操作を補足する。
6. 作ったものを確認する	・整った形になったか。 ・「月」の形に注目させる。 ・どれくらいの幅がバランスがいいか。	・数人のものをスクリーンに映す。
7. 展開	・「晴」を作る。 ・「日」の上下の空き具合はどれくらいがいいか。 ・「朝」を作る。 ・「日」の大きさ・形は「晴」と比べてどう違うか。 ・「月」の大きさ・形は「青」の時と比べてどう違うか。 使われる場所によって大きさと形は変わる	・「日」の大きさ・形の選び方に注意させる。 ・数人のものをスクリーンに映す。 ・数人のものをスクリーンに映す。 ・指名する。
8. まとめ	譲り合うことによってバランスが保たれる	・手書きの時も同じであることを押さえる。
9. 発展	・手書きと比較して違うところは何か。 ・右上がりになっていない。 ・筆順がないなど。	・明朝体活字のとおり書いても手書き文字にはならないことを理解させる。
10. 応用	・今日の詩を書く。 ・フェルトペンを用意させる。 ・学習したことを生かして書くこと。	・コンピュータルームでは鉛筆は使えない。 ・部分の組み合わせを意識して書く。
11. 次時の予告をする	・手書きで整った字形を確認していくこと。	・次回は、国語教室で行うことを伝える。

(2) 中学校第3学年における合科的実践

　画像処理ソフトウェア（「Paint Shop Pro」P&A）を使用し、文字をコンピュータグラフィックスで表現する。中学校第3学年における書写から高等学校芸術科書道への接続を考える上での試行的な内容として、いろいろな書体や書風を調べ半紙に表現したものを、美術の色彩、平面構成の学習と合わせて表現しようとするもの。

113

第2章　教育機器の活用と書道授業

図3　実践の概要

目標	1．コンピュータの操作に慣れ、新しい表現を積極的に試すことができるようになる。
	2．使いたいツールを選んだり、書いた文字の書風を選ぶことを通して、イメージを情報として選択し処理できるようになる。
	3．表現したい内容を効果的に伝え、良さを互いに認め合うことができるようになる。

美術の内容			書写の内容
新指導要領に新たに加えられた、「映像メディアなどで分かりやすく美しく表現し、発表したり交流したりする」内容の先行研究的な実践。	1	・インターネットでCG作品を鑑賞する。 ・CGの歴史にふれる。	中学校第3学年における、書写から高等学校芸術科書道への接続を図る内容としての、「様々な書体を知る」単元。
	2	・画像処理ソフトを使ったデモンストレーション	
※内容に関わること	3	・平面構成の表現効果	※書写の授業
・コンピュータグラフィックスで表現する。 ・平面構成の基本である配色の学習と、形とその配置によるイメージの学習。 ・効果的なレイアウトを考え、視覚的にわかりやすく伝達すること。	4	・色彩の表現効果 「マリリン」を使って	第1時…漢和辞典で、書きたい漢字の成り立ち・意味を調べる。 　　　　　　　（図書室）
	5	・サンプル文字「樹」を使って背景と組み合わせる練習	第2時…書体字典で、書きたい漢字の様々な書き方を調べる。　　　　　（国語教室） （書体の流れの学習…篆書→隷書→草書→行書→楷書）
	6	・制作していこう1	
	7	・制作していこう2	
※評価の基準	8	・制作していこう3	第3時…書きたい書体を選び、書風の違いを意識して半紙に書く。 　　　　　　　（国語教室）
学習過程で基準を的確に示しながら作品制作をしていく。（平面構成・色彩・ツールの組み合わせ方など）	9	・仕上げ、感想・コメントを加える。	
	10	・作品の鑑賞	

文字を飾ろう：作品集「120人の書いた文字」（CD-R）

(3)　高等学校書道Ⅰにおける実践

単元　漢字仮名交じりの書の学習

単元設定の理由

　本単元は、コンピュータに文字を取り込み、文字と画像や絵を組み合わせることによって、漢字仮名交じりの書を発展的に表現しようとするものである。コンピュータでは、墨色の深みといった微妙なニュアンスは消えてしまうが、画像処理ソフトを使用することによって、作品を展示して鑑賞するのみならず、ポスターとして活用したり、Tシャツにプリントすることなども可能で、表現の広がりが期待できる。

　なお、本単元は、漢字仮名交じりの書の実践を一通り終えた後に、そ

の表現を発展的に扱おうとするものであり、当然、漢字仮名交じりの書で学んだ、文字の大きさ、配置・配列の学習が生かされていくべきであると考える。

学習目標
1. 線質を統一することによって漢字と仮名を調和させることができる。
2. 字形や文字の大きさを工夫し、全体の構成にまとまりを表現できる。

学習計画
第1次　半紙に作品を制作する。(2時間)
第2次　コンピュータで文字を加工する。(3時間)
第3次　作品を印刷し、鑑賞する。(2時間)

第2次、3時間目の学習過程

学習過程	学習活動	指導上の留意点
1. 開始	○本時の学習内容を知らせる。	・漢字仮名交じりの作品を背景と組み合わせること。
2. 展開1	○機器の操作を説明する。 ○共有の場所から自分の作品を呼び出し、前時に用意した背景に貼り付ける。 ○文字の大きさ・配置を決める。 ○配色や全体の構成を工夫する。	・スクリーンとプリントで作業手順を手際よく示す。 ・基本的な操作なので、確実に行えるようになる。 ・「配置」の学習を生かす。 ・あまり深入りしないよう配慮する。
3. 展開2	○作品を見せ合う。 ○工夫しているところを出し合う。 ○修正を加える。	・スクリーンに映写する。 ・良さを認め合えるようになる。 ・互いの作品の良さを作品に生かしていく。
4. ドリル練習	○硬筆のドリル練習をする。	・速く書くことを意識させる。
5. 次時の内容を伝える（終結）	○プリントアウトして、展示すること。	・コンピュータの電源を切り、片づけを行う。

〔備考〕使用ソフトウエア：Paint Shop Pro 5J (P&A)

第2章　教育機器の活用と書道授業

使用ソフトウェア　Paint Shop Pro 5J（P&A）
　このソフトウェアでは、レイヤーと呼ばれる、いわば透明シートに画像や文字を貼り付けていく仕組みになっており、構想段階のイメージに近い表現が可能になる上、レイヤーを加えたり消去することによって試行錯誤が簡単に行える。

3　コンピュータを利用することの有効性
(1)　中学校第1学年書写の場合
　授業の印象は、ほとんどの生徒が「楽しかった」と答えている。コンピュータに初めて触れたという生徒はいなかった。操作については（今回はマウスのみ使用しての作業であったが）、何の抵抗もなく淡々と作業を進めていた。生徒にしてみれば、ゲーム感覚で学習に取り組めたというところだろうか。学習意欲を喚起できることは、コンピュータの大きな魅力の一つだが、その点を再確認した。さらに、楽しかったことの理由の一つには、操作が簡単であったことがあげられるのではないだろうか。操作を気にすることなく作業に集中できたことは、ポイントの明確化につながったと思われる。
　また、いつもとは

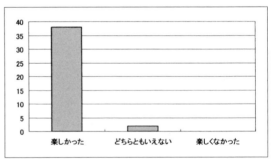

図4　授業は楽しかったですか

図5　びみょうな大きさの組み合わせがわかりましたか

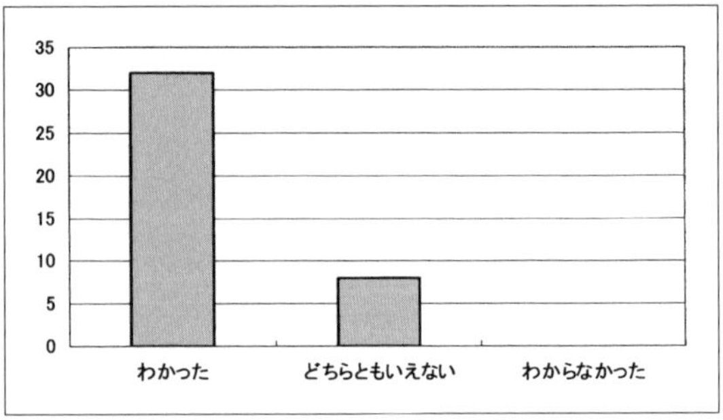

場所を変え、異なった環境での授業は、変化をつけるという点で、効果的であったと思われる。今回の授業の目標である、部分と部分の微妙な組み合わせについては、大多数の生徒が理解したと答えている。「どちらともいえない」生徒については、実際に書けるかどうか自信がないというものであった。今回はあくまでも動機づけが目標であった。

- おもしろかった。またやりたい。一つの字でも、形や大きさを変えると全くバランスが合わなくなったりしたのがわかった。
- パソコンを使ってやると、字の整え方を自分で調節でき、とても楽しかった。だが、自分の手で書くときは、目で見ながらではなく、頭の中で考えるところが多いので、やっぱりバランスをとるのは難しいなー。

今回の授業を通して成果としてあげられるものは、全体の理解の底上げという点である。最低限理解させたい項目を、短時間で示すことができたという点で、コンピュータは有効であったのではないかと考える。

(2) 中学校第3学年　合科的実践の場合

合科的な実践（主に美術科との実践）であったため、書写・書道に関する分析は難しいところがある。ここでは、美術科の成果も含めた形で分析を進めたい。ちなみに、実践を通してこだわったのは何かの質問に、生徒は、
　①文字の配置を含めた全体の構成
　②配色
　③毛筆の筆使いや字形
　④文字のイメージをどう表現するか
の順で答えている。

授業後のアンケートからは、次のことがわかる。レイヤーをほぼ使いこなしていることから、画像処理ソフトは中学校第3学年でも使えることがわかった。サンプル文字「樹」を使った、試作は役に立ったと答えているが、本制作の前にこうした模擬作品を制作するといったことは、

今回の制作に限らず必要なことなのであろう。

　実践を通して言えることは、ここでも試行錯誤がしやすいという点があげられる。いくつものバリエーションを試すことができ、そして、作品の管理・保存が容易である。中学校第1学年と異なり、コンピュータを使うから楽しいとする感想はあまり見られなかった。中学校第3学年では使いこなすことが喜びになり、作品を創り上げたことへの達成感を述べたものが多く見られた。

- 最初は難しくてわけがわかんなかったけど、なんとかできて良かった。こういう授業をもっと増やしてほしい。おもしろい授業だった。
- 結構おもしろかった。でも微妙なところとかが難しくて、途中イライラした。でも、あらためてパソコンはすごいなと思った。これからももっと使いたい。
- 最初はほんとに何をやっていいかわからなかったけど、だんだんやっていくうちに、少しずつわかってきて授業が楽しかった。作品では、構成や配色を考えるのがおもしろかった。できてみて、やって良かったという気持ちでいっぱいです。
- おもしろかった。
- またやって欲しい。
- コンピュータのことが奥深くまでわかってよかったと思う。これからもこういう授業をやって欲しい。
- パソコンに自分の文字を入れて、それをアートしていくなんて初めてやったので、初めはどんなものか予想がつきませんでした。実際にやってみると、思った以上に楽しかったです。字を書く上でも、配置を考える上でも芸術的センスを必要とされる学習で難しくはありましたが、とてもいい勉強になったと思います。

　また、手先の器用さに左右されることなく、作品の完成が保障されるという点で成果が見られた。

第2節　授業への効果的な機器の活用

- 今までの苦労が報われた。
- 自分で作った割にはうまくできたと思う。背景の「ピンクのザラザラ」は今でも気に入っている。
- 最初は難しそうでできないと思ったけど、やっているうちに慣れてきて、けっこう気に入った作品に仕上がったので良かった。

図6　授業後のアンケートから

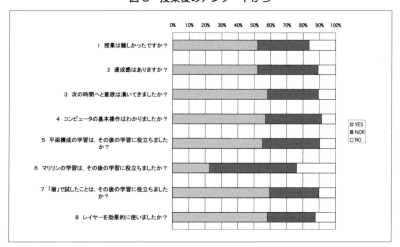

　変形ツールは、大きさや配置を自由に変えることができる便利なツールだが、このツールを使うことで文字の形も変形が可能である。しかし、文字を変形させようとする生徒は少なかった。書かれた字形を尊重しようとする姿勢の表れと見ていいの

図7　半紙の文字

図8　できあがった作品

119

か、はっきりしない。

(3) 高等学校第1学年書道の場合

今回の実践は、「字形、文字の大きさと全体の構成」について理解を図ることが主たる目標だった。コンピュータ画面では、作品の全体が常に表示され、視

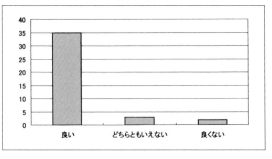

図9　書道の授業でコンピュータを使うこと

点が一定である。いわば紙を壁に貼った状態で作品を制作していくことかできるのである。構成を把握しやすく、後で修正できる点が特徴である。伝統的な表現を目指すことの多い書道の授業で、コンピュータを使うことについて、生徒の反応は、「よい」が圧倒的に多かった。もう少し批判的な反応があるものと思っていたが、中学校第1、3学年と比較してもその割合はあまり変わらない。理由としては次のものがあった。

- とても楽しかったから。　・おもしろかったから。　・気分転換でいい。
- 書いてばかりでは疲れる。　・コンピュータの勉強になる。
- 未知への可能性が広がる。　・カッコイイ作品ができる。
- これからの時代には必要。
- 伝統と最新機器が合わさって、新しい芸術になっていくのがおもしろい。

「よくない」と答えた生徒の理由としては次のものがあった。

- 書道は日本文化なので、コンピュータを使うのは邪道である。
- 字形を簡単に変形できるなどコンピュータ独自のことができるが、操作が難しいから。

また、コンピュータによる表現の優れている点をあげさせると、

> - 色がキレイ。 ・大きさや配置の失敗を簡単に変えられる。
> - 背景を工夫できるし、やり直しがきくところ。 ・後で修正ができる。
> - 画像がなめらか。 ・鮮やかで正確。
> - 手で書くことのできない図形や模様を簡単に書ける。
> - 素人でもおもしろい作品が作れる。 ・考えられることは何でもできる。

　感想からは、墨を使った書の表現をとても大切に思っているということが感じられた。コンピュータは何でもできるとしながらも、書の本来の表現には劣るという意識が感想の裏にはあるように思う。
　ただ、こうした画像処理ソフトを使うことで表現の幅が広がり、日常へ機器が浸透していけばいくほど、文字を使った表現の用途は広がり、書の表現が身近になっていくというメリットがある。

4　コンピュータ利用の問題点
(1)　中学校第1学年書写の場合

　今回、ソフトウェアに組み込まれていたのは明朝体であったが、教科書体が組み込まれているソフトウェアがあれば、さらに効果は上がるだろう。手書きでは、横画を少し右上がりの角度に書きながら組み合わせ、文字を組み立てていく。特に扁旁の組み合わせの場合、扁をかなり右上がりに書くよう意識させる必要があるわけだが、このことは明朝体活字を使うソフトウェアでは表現できない。その点を十分承知した上で使用することが前提となる。また、組み合わせによっては、線の太さが均一にならず、必ずしもバランスのいい組み合わせにならないこともあった。

> - 「朝」という字の「𠦝」の部分は、「十」と「日」との組み合わせだときれいに形が整えられない。

　また、これまでの学習で文字の整え方を理解していて、技能的に高い生徒は、物足りないという印象をもった。

- パソコンではいろいろ変えられてけっこうよかったけど、やっぱり人間が書くみたいなのはできないから、自分で書いているのとはちょっとちがうと思った。
- 難しかったです。バランスを考えて、太さとか位置とかを変えるのが…。やっぱり自分の字は部品で作るのではなく、一画一画自分の個性を出しながら書いた方がいいとも思いました。
- 人間の手にはパソコンも負けるんだなと思いました。（理由）手で書いた方が正確に書けるから。

コンピュータを使うことは、直接には技能の習得に結びついていかないのは当然であって、この点に疑問を投げかけたものであろう。あくまでも動機づけに過ぎず、この学習で引き出せた意欲を、その後に生かせるかどうかが課題となろう。

(2) 中学校第3学年 合科的実践の場合

　色彩や平面構成の学習の習熟度に、作品の質が呼応するということがあげられる。従来の手作業で表現する力が充実していないと、コンピュータを使っても決して優れた作品にはならないことが認められた。また、生徒はコンピュータを使うことのみで満足しがちであるが、作品の水準は決して高くはない。美術科では今後の課題として、コンピュータグラフィックスの指導の確立という点をあげている。

　書写の評価としては、さまざまな書体や書風を知ることが目標であるので、文字の巧拙については評価の対象としていない。ただし、今回の実践が芸術科書道への導入としてふさわしいものであったかという点では、再考の余地があろう。墨と紙による表現こそが書の本来の表現であり、この点評価の分かれるところであろう。また、コンピュータを使うこと自体に拒否反応を示す生徒も少なからず認められた。

- 初めは使い方がほとんどわからなくて大変だったけど、大分わかるようになった。字のイメージに合う作品にしたかったけど、結局あまりうまくできなかった。パソコンを使うことができなくて、自分の思い通りの作品を作れなかった

です。
- マリリンと「樹」を作った時は、パソコンの使い方がいまいちよくわかっていなかったので、あんまり役に立たなかった。今もよくわかっていないかも。こういう授業は苦手です。

(3) 高等学校第 1 学年書道の場合

　事前のアンケート調査によると、コンピュータの基本操作（文書作成やインターネットを見ることができる程度）はできますか、の質問に「はい」と答えた生徒の割合は 90％ を越えていた。しかし、実際は日常的にコンピュータを使っている生徒は皆無であり、一つ一つの操作に相当時間を要するという実態があった。

　制作途中の作品を保存したり、開くといった基本的な操作の説明は押さえるとしても、文字を切り取って貼り付けるなどの操作説明に時間を要したことは、予想外であった。「コピー→貼り付け」という作業は、コンピュータを使う際、あらゆる場面で頻繁に行われる操作である。他の授業での実践が生かされていない実態があった。生徒の授業後の感想には、

- 短時間で理解しろというのは無理、使っているうちに何となくわかってくるのがコンピュータだ。

というものがあった。しかし、限られた授業時間では、「使っているうちに」は許されない。他の授業でも生かされていけるよう、操作についてもポイントを絞った利用を考える必要がある。今回の単元で言えば、文字の配置の試行錯誤的な利用が主たる目的であるので、それ以外の作業（背景を制作するなど）は、授業者が準備しておくなど、目的以外の作業は省いていくといった配慮が必要だった。その点、画像処理ソフトを使いこなすことは、書道の授業では時間の制約から難しいと言わざるを得ない。

　なお、作品の背景になる画像は、インターネットを利用し、素材集な

どから取り込もうとしたが、時間帯によっては接続に時間のかかることがあった。

5　効果的な利用へ向けての課題
(1)　ソフトウェアの問題
　1998年の全国大学書写書道教育学会兵庫大会において行われた、押木と柏瀬によるデモンストレーション「情報化と書写・書道教育」[3]は、書写・書道における情報化を考える上で示唆に富むものであった。中でも、専用ソフトウェアについては開発が待たれるところである。コンピュータの効果的な利用を考えると、市販のソフトウェアを補助的に使用せざるを得ない状況にあり、効率の点で問題が残る。コンピュータの操作を気にすることなく、生徒が活用していける環境を作ることができれば、時間の制約という問題も自ずと解決していくだろう。

(2)　情報交換の必要性
　書写・書道におけるコンピュータを活用した実践は、近年増えつつあるのではないかと思われる。しかし、行われたとしてもその実践に関する情報は乏しく、他の実践へ成果が生かされていないのではないか。インターネット等を活用しながら実践を公開するなど、現場相互のネットワーク作りが必要ではないだろうか。情報化への動きは速く、個人レベルでの対応は効率が悪い。

(3)　利用のあり方
　40人一斉の授業形態の中で、短時間で明確に学習目標を提示できるコンピュータは有効である。しかし、手書きの学習活動を阻害するものであってはならない。コンピュータを使うことが目的とならないよう、学習過程の中の、効果のある場面のみで利用していくことを心掛ける必要がある。その意味で、授業者のコンピュータ活用能力が、今後問われてくることになるであろう。

注

(1) 染谷由香理「書写書道教育におけるコンピュータの活用(1)」『書写書道教育研究』第11号所収、および、「書道Ⅱ草書の創作におけるコンピュータの活用」『書写書道教育研究』第12号所収では、生徒が草稿作りの過程でコンピュータを試行錯誤の道具として活用し、成果を上げた実践を報告している。

(2) 竹村美範(秋田県立六郷高等学校)は、学校のホームページにおいて、生徒作品の展示を行い、コンピュータグラフィックスによる実践の紹介もしている。

(3) 押木秀樹・柏瀬順一「情報化と書写書道教育」『書写書道教育研究』第13号、全国大学書写書道教育学会、1999

第3章

古典作品の基礎的研究

第1節　楊淮表紀拓本考異

1

「楊淮表紀」は、刻文に「黄門卞玉字は子珪。熹平二年二月廿二日謁題するを以て此を過ぐ」とあるように、黄門の官にあった卞玉という役人が帰省の途中、ここ（石門）を通過。楊孟文の「石門頌」を見て「有感」（『両漢金石記』）するところがあって、楊氏の孫である楊淮、楊弼の略歴を記したものである。熹平2年（173）の刻。「石門十三品」に収められる。

石刻は、もと陝西省襃城県の石門にあったが、1967年から1973年にかけて行われた襃河ダム建設に伴い移転せられ、現在は漢中博物館にて管理されている。タテ193×ヨコ61 cm（下部52 cm）。「非常に硬い石英石（硬度10～13度）」（牛丸好一『漢中襃斜道石門摩崖石刻』毎日コミュニケーションズ、1986）の摩崖刻である。

本稿はこの「楊淮表紀」の新旧の拓本を比較検討し、あわせて刻文中の「黄」字をはじめとする校字上の問題を考究するものである。

2

今、試みに「楊淮表紀」に関する、歴代の著録に論ぜられる記述を、楊殿珣『石刻題跋索引』（商務印書館・1940）によってあげると以下のとおりである。

1. 洪适『隷続』巻十一・司隷校尉楊淮碑
2. 葉奕苞『金石録補』巻三・漢司隷校尉楊淮碑
3. 畢沅『関中金石記』巻一・司隷校尉楊淮碑
4. 翁方綱『両漢金石記』巻十三・司隷校尉楊淮表紀

5. 銭大昕『潛研堂金石文跋尾』巻一・司隷校尉楊淮碑
6. 王昶『金石萃編』巻十五・司隷校尉楊淮表紀
7. 趙紹祖『金石文鈔』巻一・漢司隷校尉楊淮碑
8. 趙紹祖『古墨斎金石跋』巻一・漢司隷校尉楊淮碑
9. 洪頤煊『平津讀碑記』巻一・司隷校尉楊淮表紀
10. 王志沂『関中漢唐存碑跋』・漢司隷校尉楊淮碑
11. 馬邦玉『漢碑録文』巻三・楊淮表紀
12. 方朔『枕経堂題跋』巻三・漢卜玉過石門頌表紀跋
13. 鄭業斅『獨笑斎金石攷第二集』巻五・司隷校尉楊淮表紀
14. 毛鳳枝『関中金石文字存逸考』巻十・司隷校尉楊淮表紀

以上の諸金石著録の記述はおおむね、事柄の考証に主眼を置いたものであり、ほとんどは校碑に関するものではない。

3

そこで、校碑については定評のある先行研究から次のとおり原文と訓読(『校碑随筆』のみ)、そして訳文を掲げる。

A. 方若『校碑随筆』
B. 王壯弘『増補　校碑随筆』(上海書画出版社、1981年)
C. 張彦生『善本碑帖録』(中華書局出版、1984年)
D. 馬子雲・施安昌『碑帖鑑定』(廣西師範大学出版、1993年)

『校碑随筆』原文

隷書、七行、行二十五六字不等。在陝西褒城。熹平二年二月。

舊拓本末行無黃門之黃字、翁氏兩漢金石記闕之。王氏金石萃編補足之。今據拓本黃字固未泐、蓋當時遺拓也。舊拓本遺拓黃字、不奇、以其正當前行泐處、乃竟有遺拓卞玉二字、則奇。

訓読

隷書、七行、行二十五・六字等しからず。陝西褒城に在り。熹平二年二月。

舊拓本は末行の黃門の黃字無し、翁氏の兩漢金石記はこれを闕く。王氏金石萃編これを補足す。今、拓本に據るに黃字は固より未だ泐さず、蓋し當時は遺拓せるならん。舊拓本の黃字を遺拓するは奇ならず。其の正に前行の泐処に当るを以てなり。乃ち竟に卞玉二字を遺拓する有るは、則ち奇なり。

訳文
隷書、七行、一行は二十五・六字で等しくない。陝西襃城に在る。熹平二年二月。

旧拓本は末行黃門の黃字が無く、翁（方綱）氏の兩漢金石記ではこれを欠いている。王（昶）氏の金石萃編ではこれを補足している。今、拓本によると黃字は本来はがれていない。当時失拓したものと思われる。旧拓本の黃字の失拓は、あやしいことではなく、まさに前行の欠損部にならんでいるからである。畢竟、卞玉の二字を失拓しているのは、まことに奇異なことである。

『増補　校碑随筆』原文
乾隆前拓本、「黃門」「卞玉」四字完好。道光間「黃」字失拓。近百年拓本「黃」字只存上半、下半裂損。

藝苑眞賞社有珂瓃版印本、籤題《漢楊淮表紀古鑑閣藏宋拓本》、後有香亭居士董氏跋記「黃門同郡」之「黃」字尚完好、乾隆前拓本。

日本二玄社《書跡名品叢刊》輯入。乾隆拓本。

訳文
乾隆以前の拓本は、「黃門」「卞玉」四字が完好である。道光年間の拓本は、「黃」字を失拓している。近百年の拓本は「黃」字の上半があるのみで、下半は裂損している。

藝苑眞賞社にコロタイプ印本があり、題簽に「漢楊淮表紀古鑑閣藏宋拓本」とあり、後ろに香亭居士董氏の跋記がある。「黃門同郡」之「黃」字はまだ完好で、乾隆以前の拓本である。

日本二玄社の「書跡名品叢刊」に収められており、乾隆年間の拓本で

ある。

『善本碑帖録』原文
　漢楊淮表紀摩崖
　隷書、七行、行廿五、六字不等。
　漢熹平二年二月廿二日。
　刻石陝西褒城石門西壁。
　見白棉紙舊拓本、末行黃門卞玉等字完好。道光間拓本黃門卞玉等字失拓、近拓黃字只在上少半、下大半石裂損。

訳文
　漢楊淮表紀摩崖
　隷書、七行、一行は二十五、六字でふぞろい。
　漢熹平二年二月二十二日。
　刻石は陝西褒城石門西壁にある。
　白棉紙の旧拓本を見ると、末行の黃門卞玉等の字が完好である。道光年間の拓本は黃門卞玉等の字が失拓せられている。近拓は黃字のわずかに上半部が存するのみで、下部大半は石が裂損している。

『碑帖鑑定』原文
　司隷校尉楊淮表摩崖
　隷書、七行、行二十五、六字不等、熹平二年（一七三）二月、在陝西褒城。此拓本据所見之最早本、是康乾間拓、末行上無「黃門」之「黃」字。較晚拓本則有「黃」字、或「黃」字下大半、由此証明「黃」字未泐。又前行之「卞玉」二字、亦有有無之分、是拓全与遺拓之故、非損壞也。

訳文
　司隷校尉楊淮表摩崖
　隷書、七行、行二十五、六字でふぞろい。熹平二年（一七三）二月、陝西褒城にある。この見ることのできる最も早い拓本は、康熙から乾隆

年間の拓本であり、末行の上の「黄門」の「黄」字がない。やや晩拓本には「黄」字、あるいは「黄」字の下部大半があり、これによって「黄」字は泐していなかったことが証明できる。また、前行の「卞玉」二字も、有無については意見が分かれる。この拓はすべて遺拓の故であって損壊したものではない。

4

これらの著録には、拓の新旧をめぐって多少の異同が認められる。つまり、Aは「旧拓本は末行黄字無し」としているのに対し、Bは「乾隆前の拓本は「黄門」「卞玉」四字が完好」としている点が異なる。これらA、B双方の主張に与する意見を他の著録からまとめておこう。

A説では、「黄」字は欠落していたのではなく、遺拓（失拓）したのだとする。伊藤は「拓し忘れたか、またその当時、この部分の文字が土銹などで覆われて確認されていなかったのか。」[1]と述べ、「黄」字の無いものを旧拓本として位置づけ、Aの立場をとっている。この「土銹などで覆われ……云々」がいつ頃から言われてきたのか、いま上述の金石著録を検証したが、そこにはこの説の根拠となるような記述は見られなかった。

5

次に、筆者の過眼した拓本の図版を用いてこの点を見ていこう。ここにあげるのは、
　①―北京図書館蔵本
　②―個人蔵本（研室蔵）
　③―二玄社「書跡名品叢刊」本
　④―個人蔵本
　⑤―個人蔵本（近拓本）
　⑥―梁啓超帯跋本
の6種である。

第1節　楊淮表紀拓本考異

①北京図書館蔵本

②個人蔵本（研室蔵本）

③二玄社「書跡名品叢刊」本

④個人蔵本

⑤個人蔵本（近拓本）

⑥梁啓超帯跋本

上に引用したA〜Dの4書が述べるどの項目に該当するのか、図版を見ながら、先の課題についても考察を加えてみたい。

図版①、②、③ともに「黄」字は見えている。①は、解説に「清代康乾以前」の拓としているのは、Bが「乾隆以前の拓本は「黄門」「卞玉」四字が完好」としていることからであろう。①と②、③は、「黄」字下部の剥落の程度の違いから、さほどの違いは見られない。

図版④では、「黄」字がぼんやりと不鮮明で、拓調にもよるのだろうが、下部の剥落が進んでいるようにも見える。恐らく、①、②、③に比して、新しい拓であると考えられる。

「近百年の拓本は「黄」字の上半があるのみで、下半は裂損している」とBが述べるとおり、⑤では、「黄」字の下半が剥落している。近拓本と言えるのではないか。

ところで、図版⑥の「黄」字遺拓本を、最旧拓本と位置づけるか、③の後に位置づけるかという点について補足する。ここに掲げた⑥「梁啓超帯跋本」は、梁啓超（1873〜1929）の跋文があり、「此間の一〈黄〉字は実に未だ泐さず。惟だ旧拓本は皆これを欠く。翁（方綱）氏金石記も亦た然り。啓超校記。」と述べている。この拓を収録した『梁啓超題跋墨蹟書法集』（栄宝斎出版社、1995）の解説（賈雙喜）には、この図版の拓を「清道光年間拓本」と想定する。これは、Bの説くところに基づいているのであろう。

一方、欧陽輔『集古求真』（開智書局、民国12年）には「旧拓本、六七両行首の一字、皆見えるべからず。今拓本の七行首、反して黄字見ゆ。顕かに後人の刓補する所となす。」とあり、もともと見えなかった「黄」字が見えるのは、後に抉り起こしたためだとする。A説に近い立場をとっている。

上述、伊藤の「土銹……」の説と合わせて、A説B説ともに裏づけとなる証拠は、今のところ見あたらない。これは恐らく拓紙の新旧や拓調から、明らかに旧拓といえる拓本に、「黄」字が見えないことからの一つの解釈であって、後知恵といえるかも知れない。もし新資料が出現

すれば、筆硯を新たにして論ずる必要があろう。

6

なお、図版②「研室蔵本」には次の跋文が加えられているので、原文と訓読をあげておく。

已丑夏。余自直隷大名還京。適世伯寄慎齋。亦自陝西漢中來都。以此本相見贈。展觀之際。覺古味盎然生於楮墨間。眞能引人入勝。題識其縁起如此。藉以結翰墨之縁。
　　庚寅夏四月中浣
　　　　還密精廬主人嘯鵬氏幷書

訓読
已丑の夏、余　直隷大名より京に還る。適たま世伯寄慎齋の、亦た陝西の漢中より都に来り、此の本を以て相い贈らる。展観の際、古味盎然として楮墨の間に生ぜしを覚ゆ。真によく人を引きて勝に入らしむ。その縁起を題識すること此くの如し。藉りて以て翰墨の縁を結ばん。
　　庚寅夏四月中浣
　　　　還密精廬度主人嘯鵬氏并せて書す

注
(1) 伊藤滋『游墨春秋』日本習字普及協会、2002、p.108

第2節　孔宙碑の校碑

1

　「孔宙碑」は後漢の延熹7年（164年）の刻になり、碑陽は15行、1行28字、碑陰は3段、21行。碑陽には篆書で「有漢泰山都尉孔君之碑」と2行で10字、碑陰にも篆書5字「門生故吏名」とある。山東省曲阜の孔廟に現存する。縦170×横93cm。

　松井如流は、後漢の石刻をその書風の特徴から次の四つに分類している[1]。

1. 初期の古拙の風に富むもの。
2. 方整閑雅なもの。
3. 流麗にして波磔の美を発揮したもの。
4. 以上の分類以外の或いは奇古、或いは素朴なもの。

　この「孔宙碑」は3の「流麗にして波磔の美を発揮したもの」の一つとしており、「乙瑛碑」(153)、「禮器碑」(156)、「曹全碑」(185) などと並び「八分書の美を極端に発揮したもので、古来、漢隷の典型として尊重」される一つとしている。

　「孔宙碑は有名なものでありながら、いい拓本が少く」と伏見冲敬は言うが[2]、実際に例えば『北京大學圖書館藏歷代金石拓本菁華』に掲載されている拓本はそれほど旧いものとは言えない（図1）。辛うじて2007年4月より東京国立博物館他3館で開催された「拓本の世界」展において、中村不折コレクション書道博物館に収められる「北宋拓」と言われるもの、および三井家聴氷閣の「高字未損本」を過眼する機会があった。これまで、後に掲げる著録には新旧に関わる種々の記述があるが、実際に拓本を用いて検証したものは見あたらない。本小論は「孔宙

136

碑」の拓本ついて、新旧の目安となる箇所について実際に拓本図版を用いながら確認検証していくことを目的としている。

2

校碑にあたっては、参考書として次の３書があげられる。考察の前提として、その原文と訳文とを掲げておきたい。

A．王壮弘『増補　校碑随筆』（上海書画出版社、1981）
B．張彦生『善本碑帖録』（中華書局出版、1984）
C．馬子雲・施安昌『碑帖鑑定』（廣西師範大学出版、1993）

A『増補　校碑随筆』原文

明中葉拓本、二行「少習家訓」「訓」字之「川」部中豎末端未與下小石花連。九行「凡百邛高」、「高」「口」部與下石泐不相連。十行「其辭曰」之「辭」字但損末筆分許。

明末拓本「高」字「口」部與下石泐雖連然尚未損及口内。六行「以文脩之」的「𢁫」（以）字「几」旁中間尚未泐、「辭」字下損處增大。十四行「歿垂令名」之「歿」字「㠯」部明白無損。（按康熙初年拓本「嫂」字「㠯」部尚未損、羅氏《雪堂金石文字簿録》載「嫂」字「㠯」部明白無損爲明拓之尤先者、非也。）

雍乾拓本「高」字「口」部損、「以」字「几」部中損、「辭」字「又」部也損、「嫂」字「㠯」部未泐少半。

乾嘉拓本「辭」字右下增損、首撇也損、十二行「帥彼凶人」之「人」字與下石泐連成模糊一片。

道光拓本「辭」字雖損尚存、二行「少習家訓」「訓」字「川」部中橫也尚未與下石泐連。

光緒拓本「辭」字泐盡、「歿」字僅存「歹」部之半、「少習家訓」之「訓」字與下石泐連、「高」字泐右下半。

見重刻数種、刻甚劣、易辨。

影印本

一、文明書局印、明中葉拓本。

二、中華書局以文明印本翻印。

三、日本《書苑》七卷一號孔宙碑特輯、明中葉拓本。

四、有正書局石印明拓本。

五、藝苑眞賞社珂羅版影印、題爲宋拓、實明拓「高」字未損本。

六、藝苑眞賞社金屬版、有陸恢等人題記題爲宋拓、實明末清初時拓本。

七、愛儷園印《慈淑樓叢帖》之一、字略縮小。

八、日本二玄社《書跡名品叢刊》輯入。清初拓本。

訳文

　明中葉の拓本は、二行「少習家訓」の「訓」字の「川」部中間の縦画の末端が未だ下の小さな石花（欠損部）と連なっていない。九行「凡百邛高」の「高」の「口」部と下の石の欠損した部分とは連なっていない。十行「其辭曰」の「辭」字は、末筆部分が欠けているのみである。

　明末拓本では、「高」字「口」部と下の石の欠損部と連なっているが、なおまだ口内に及んでいない。六行「以文脩之」の「𠑽」（以）字「几」の中間部はまだ崩れていない。「辭」字の下の欠損部は前よりも大きくなっている。十四行「歿垂令名」の「歿」字「𠬝」部分は明らかに損傷していない。（按ずるに、康熙初年拓本は、「歿」字の「𠬝」部分はまだ崩れていない。羅（振玉）氏『雪堂金石文字簿録』に載録されている「歿」字の「𠬝」部分は明らかに崩れていないので明拓の、とりわけ旧いものとしているが、誤りである。）

　雍正・乾隆年間の拓本では「高」字の「口」部は欠けている。「以」字の「几」部は真ん中が欠けている。「辭」字「又」部はまた欠けている。「歿」字の「𠬝」部の崩れは僅かの程度である。

　乾隆・嘉慶年間の拓本では「辭」字の右下の損傷が増し、始筆部分がまた損じ、十二行「帥彼凶人」の「人」字と下の欠損部がつながり模糊とした部分になっている。

　道光年間の拓本では「辭」字はほとんど崩れているが、なお残ってい

る。二行「少習家訓」の「訓」字「川」部の中横は未だ下の石の崩れた部分とつながっていない。

　光緒年間の拓本では「辭」字はすっかり崩れ、「殁」字は僅かに「歹」部の半分が残り、「少習家訓」の「訓」字は下の石が崩れているところとつながっている。「高」字は右下が欠けている。

　重刻本は数種を見、その刻本は甚だ劣り、見分け易い。

　影印本には次のものがある。

　一、文明書局印行は、明中葉拓本。

　二、中華書局の文明書局本を翻刻したもの。

　三、日本《書苑》七巻一號孔宙碑特輯は、明中期本である。

　四、有正書局の石印本は明拓本である。

　五、藝苑眞賞社のコロタイプ版の影印本は宋拓と題しているが、実際には明拓「高」字未損本である。

　六、藝苑眞賞社の金属版、陸恢らの題記で宋拓としているが、実際は明末清初の拓本である。

　七、愛儷園印行の『慈淑樓叢帖』一は、文字をほぼ縮小している。

　八、日本二玄社『書跡名品叢刊』に入っているのは、清初拓本である。

B 『善本碑帖録』原文

　隷書、十五行、行廿八字。陰三列、列廿一行。篆額書二行共十字。陰額篆書一行、門生故吏名、五字。

　漢延熹七年七月戊日造、左右側有唐宋人題名。

　碑今在山東省曲阜。

　宋已有很多著録、宋拓本可信者少、所伝多明初拓本。見最舊拓二行訓字左第二横筆首不連石花、九行末高字下完好、下有墨三四分許。世称宋拓本者、其他諸字完整、筆画也很多。其次明拓本二行訓字左第二筆連石花、九行高字下口僅不連石花、同爲高字不連本。又明末拓本九行高字不連石花、右筆可見、十行末辭字首筆可見。明末清初拓本高字損半、末二

行譽歿、歿字殘右上囗不損清晰、名殘字頭本。乾隆拓本二行訓字末筆下外石花很少如指頭、十行辭字右下三橫筆可見、嘉道拓本二行訓字右下僅不連石花、辭字可見大半。

碑帖拓本、因石逐年風吹雨灑、搥拓磨因而日損、早期舊拓字口邊自然完好、其傷殘考据是証標志、以考据定年代也不科學、即同一次拓本者、因先后而字多少亦不相同。

所見最旧拓本爲東武王緒祖氏本、羅振玉長跋謂墨色沈勁所見第一、載『東方雜誌』有涂石花、高字下有墨三四分。又日本印本（書苑）明嘉靖乙酉孫槙跋、抱文閣珍藏、高字下距下石花三四分、所見以羅跋本最早。印本書苑本最完整。其次爲陳文伯本訂本、在文管處、故宮藏整張併陰二軸。以上四拓本基本同。現文物店存羅氏旧藏本、高字下連下石損處、類比別見數本不計。

碑陰明拓本第二列十四行東平陵呉進、東字完好、第三列十四行寧陽周順、寧字完好、寧字不損尤旧拓。陰特題門生故吏名五字、此陰在名稱爲最多最詳。

訳文

隷書。十五行で、一行は廿八字。碑陰は三段、一段は廿一行である。篆書で二行、すべて十字である。碑陰の額は篆書で一行、「門生故吏名」の五字である。

漢の延熹七年七月戊日に造られた。左右の側碑に唐、宋人の題名がある。

碑は現在山東省曲阜にある。

宋代すでにたいへん多く著録されたが、宋時代の拓本として信すべきものは少なく、明初の拓本が多く伝わっている。最旧拓には二行「訓」字左の二画めの横画は石花につながっておらず、九行末の「高」字下が完全で、下に墨拓の部分が三、四分ばかり残っている。世に宋拓本と称されるものは、その他の諸字が完全に整っており、筆画もまた多くがきっちりしている。それに次ぐ明拓本では二行「訓」字左第二画が石花につながり、九行「高」字下の「口」は僅かに石花とつながっていない。

同じくこれを「高字不連本」という。また、明末の拓本では九行「高」字が石花につながり、右筆は確認できる。十行末の「辭」字首筆は確認できる。明末清初拓本では「高」字は半ばを欠損し、文末二行の「譽殁」の「殁」字「殳」の右上「几」が欠けずにはっきりとしており、これを「殁字頭本」と名付ける。乾隆拓本では二行「訓」字の末筆下の外の石花はたいへん小さく指先くらいの大きさである。十行「辭」字右下の三つの横筆は確認できる。嘉慶・道光年間の拓本では、二行「訓」字右下はかろうじて石花とつながっていない。「辭」字の大半は見ることができる。

　碑帖拓本は、石が経年の風雨による風化や、捶拓に伴う摩滅により日に日にすり減るから早期の旧拓は、字口のあたりが自然にして完好である。残った傷によって考証することは、証明の証拠となるものであるが、考拠でもって年代を定むるのはまた科学的ではない。つまり、同一の拓でも、前後によって文字のいかほどかは、同一にならないのである。

　確認できる最旧拓本は「東武王緒祖氏本」がある。羅振玉の長跋に言うところの、墨色がしっとりと青黒く第一番のものであるが、『東方雑誌』の所載を見ると、石花を塗墨し、「高」字下に三、四分墨が入れてある。また、日本の『書苑』所載本は明の嘉靖乙酉の孫槙跋、抱文閣珍蔵本で、「高」字下の石花と三四分隔たっており、これにより、羅氏本が最も旧いものである。印行本では、「書苑本」が最も整っている。それに次ぐものは「陳文伯本の訂本」であるが、北京市文物管理局の所蔵である。故宮博物院は碑陰をあわせた整本の双幅を蔵している。以上の四つの拓本は基本的には同じである。現文物商店に「羅氏旧蔵本」があり、「高」字の下が僅かに下の石が崩れた部分とつながっておらず、これに類するものに数本を見るが正確な数はわからない。

　碑陰の明拓本は第二段十四行「東平陵呉進」の「東」字が完全で、第三段十四行「寧陽周順」の、「寧」字が完全である。「寧」字が欠損していないものはとりわけ旧拓である。碑陰は特に「門生故吏名」の五字を

第3章　古典作品の基礎的研究

題しており、これは碑陰に名称を刻入した例として、最も多く、最も詳しい用例である。

C『碑帖鑑定』原文

　隷書、碑陽十五行、行二十八字、碑陰上題五字篆書、下三列各二十一行。額篆書陰文十字。延熹七年（一六四）七月。在山東曲阜。此碑額為「漢泰山都尉孔君之銘」九字。明初拓本「凡百邙高」之「高」字下「口」部末筆損。字外尚有餘石五分許。明中期拓則「高」字之「口」部外之石花距離不到分許。明晩期拓、十行「其辞曰」之「辞」字尚存大半、十四行「歿」字之「ㄖ」字頭尚可見。至清康乾間則首行「家訓」之「訓」字「川」旁下未與石花連。「辞」字存上半「歿」字頭尚存、惟左半稍損。至嘉道後、不但以上各字損甚、其他字也漫漶无神。

訳文

　隷書。碑陽は十五行。一行二十八字。碑陰上部に五字の篆書で題している。下三段は各二十一行。篆書で陰文十字がある。延熹七年（一六四）七月の建碑。山東省曲阜にある。この碑は題額に「漢泰山都尉孔君之銘」九字がある。明初拓本は「凡百邙高」の「高」字下の「口」部の末筆が損なわれていない。文字の周囲にはなお、五分ばかりの余石がある。明中期拓は「高」字の「口」部の外側の欠損部との距離は一分になっていない。明時代晩期の拓では、十行「其辞曰」の「辞」字がなお大半残っている。十四行「歿」字之「ㄖ」字頭部はなおも見ることができる。清時代の康熙・乾隆年間に至っても、首行「家訓」の「訓」字の「川」部の下が未だ石花と連なっていない。「辞」字の上半は残り、「歿」字の頭部はなおも残っている。ただし、左半はやや欠損している。嘉慶・道光年間ののちに至って、以上の各字欠損は甚だしくなるばかりでなく、その他の字もまた漫漶し、神釆は全くなくなっている。

3

　これら3書の記述は年代区分に多少の異同が認められるものの、各箇

第 2 節　孔宙碑の校碑

表 1

行	碑字	A『増補校碑随筆』	B『善本碑帖録』	C『碑帖鑑定』
2	訓	・「川」中間縦画の末端が下の石花と連なっていない。（明中葉拓） ・「川」部中横はまだ下の欠損部と連なっていない。（道光拓） ・下の欠損部と連なっている。（光緒拓）	・二画目の横画に石花がつながっていない。（最旧拓） ・左二画目の傷が石花につながる。（明拓本） ・末筆下の石花はたいへん大きく指先くらいの大きさ。（乾隆拓） ・右下の欠損部はかろうじて石花とつながっている。（嘉慶・道光拓）	・「川」部の下が未だ欠損部と連なっていない。（康熙・乾隆拓）
9	高	・「口」部の下の欠損と連なっていない。（明中葉拓） ・「口」部と欠損部が連なっているが、なおまだ口に及んでいない。（明末拓） ・「口」部崩れる。（雍正・乾隆拓） ・右下半が崩れる。（光緒拓）	・下が完全。下に墨拓が三、四分ばかり残っている。（最旧拓） ・「口」はわずかに欠損部とつながっていない。（明拓本「高字不連本」という） ・下が石花とつながる。右筆は確認できる。（明末拓） ・半ばを欠損。（明末清初拓）	・「口」部末筆未損。（明初拓） ・「口」部外側欠損部との距離は一分にもなっていない。（明中期拓）
10	辤	・末筆部分が欠けているのみ。（明中葉拓） ・下の欠損部は前よりも大きくなっている。（明末拓） ・「又」部崩れる。（雍正・乾隆拓） ・右下の損傷増し、始筆がまた損す。（乾隆・嘉慶拓） ・ほとんど崩れるがなお残っている。（道光拓） ・すっかり崩れる。（光緒拓）	・始筆は見ることができる。（明末拓） ・右下の三つの横画は見ることができる。（乾隆拓）	・なお大半が残っている。（明晩期拓）

143

第3章　古典作品の基礎的研究

所から導き出されている結果は、概ね一致していると言えるだろう。殊に、終始これら3書に網羅されている「訓」、「高」、「辭」字に関する記述を辿ることによって、ある程度その拓本の年代が推測できそうである。表1にこれらの記述をまとめる。

「訓」、「高」、「辭」字が碑全体のどの位置にあたるか、整本の拓本[3]から確認しておきたい（図1）。各行の下部より欠損部が上部に向かって進む状況が見える。3字いずれも欠損部との境界に位置している。

図1

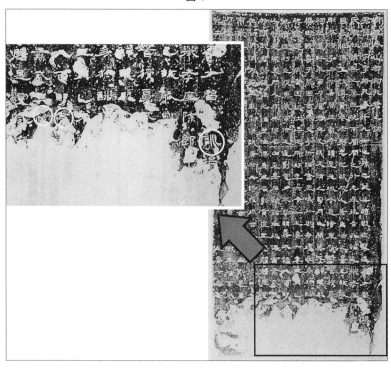

4

　「訓」、「高」、「辭」3字による校碑のために、次の4種の拓本図版を用意した。
　①書道博物館本
　②個人蔵本（研室蔵本）
　③書跡名品叢刊本（二玄社）
　④観峰館蔵本
これらから抽出した3字（図2）の欠損状況と前掲3書の著述を照合し、①〜④の採拓時期を確定する作業を通して、著述のビジュアル化を試みたい。
　まず、①「訓」字の二画目は石花とつながっていない。また、川部と石花は連なっていない。「高」字口部は欠損部と連なっているが、まだ口には及んでいない。「辭」字、始筆及び右下の三つの横画は見ることができる。
　次に、②では「訓」字の二画目が石花とつながる。しかし、川部と石花は連なっていない。「高」字口部は欠損部と連なっているが、口の右筆は確認できる。「辭」字、右下の横画一番下の画まで欠損する。
　さらに、③では、「訓」字の二画目が石花とつながる。しかし、川部と石花は連なっていない。石花の大きさは②と比較して多少大きく見えるものの酷似する。「高」字口部は欠損部と連なっているが、口の右筆は確認できず半ばを欠損している。「辭」字、右下の横画一番下の画まで欠損する。
　④の「訓」字は二画目のみならず三画目以下も石花とつながる。川部も石花と連なっている。「高」字口部は欠損部と連なっており、口部は欠損部と連なり半ばを欠いている。「辭」字はすっかり崩れている。
　以上のことから、
　①は最旧拓本に属するもの。
　②は明末清初拓本に属するもの。

第3章　古典作品の基礎的研究

　③は明末清初拓ではあるが②よりやや時代が下る。
　④は光緒年代以降の近拓本。
と考えられる。

図２

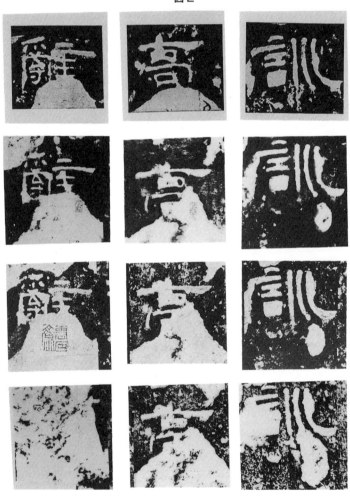

①書道博物館本
②個人蔵本（研室蔵本）
③書跡名品叢刊本
④観峰館蔵本

第 2 節　孔宙碑の校碑

注
(1)　松井如流「漢代書道概説」『中国書道史随想』二玄社、1977、pp. 21-30
(2)　『漢・孔宙碑』書跡名品叢刊、二玄社、1959、解説
(3)　『北京大學圖書館藏歷代金石拓本菁華』文物出版社、1998、p. 182 より

参考文献
『寰宇貞石圖』新華書店、1986
『聽氷閣旧蔵碑拓名帖撰』（財）三井文庫、1998
伊藤滋『游墨春秋』日本習字普及協会、2002

〔謝辞〕
　拓本図版掲載にあたっては、公益財団法人日本習字教育財団観峰館より写真の提供でご協力いただきました。記してお礼申し上げます。

第3節　皇甫誕碑の校碑

1

　皇甫誕碑は、碑文に「随（隋）の柱国左光禄大夫・弘義明公　皇甫府君の碑」とあるように、隋王朝に仕えた名臣、皇甫誕の徳を子の無逸が顕彰し建立したものである。碑文は于志寧によって撰せられ、初唐の三大家の一人と称される欧陽詢（557〜641）によって書丹された。現在は陝西省西安の陝西省博物館（西安碑林）に保管されている。

　欧陽詢によって書された碑としては、ア化度寺邕禅寺塔銘、イ九成宮醴泉銘、ウ虞恭公温彦博碑、エ皇甫誕碑がある。これらの建立年についてであるが、ア貞観5年（631）、イ貞観6年（632）、ウ貞観11年（637）に対して、エ皇甫誕碑のみ諸説あり定説がない[1]。

　碑文は28行で毎行59字に陰刻される。また、篆書の題字「隨柱国弘義明公皇甫府君碑」が陽刻されている[2]。

　本稿は、皇甫誕碑の新旧の拓本を比較検討し、文献に見られる指摘を確かめようとするものである。

2

　今、試みに皇甫誕碑に関する、歴代の著録に論ぜられる記述を、楊殿珣『石刻題跋索引』（商務印書館・1940）によってあげると以下のとおりである。

1. 歐陽棐『集古録目』巻五・隋弘義明公皇甫誕碑
2. 趙明誠『全石録』巻二十三・隋皇甫誕碑
3. 陳思『寶刻叢編』巻七・隋弘義明公皇甫誕碑
4. 都穆『金薤琳琅』巻八・隋皇甫府君碑

5. 趙崡『石墨鐫華』巻一・隋皇甫誕碑
6. 孫承澤『庚子銷夏記』巻六・隋皇甫誕碑
7. 顧炎武『金石文字記』巻二・皇甫誕碑
8. 林侗『來齋金石刻考略』上・皇甫府君碑
9. 劉青藜『金石續録』巻一・隋皇甫誕碑
10. 李光暎『觀妙齋蔵金石文考略』巻五・皇甫府君碑
11. 畢沅『関中金石記』巻二・皇甫誕碑
12. 朱楓『雍州金石記』巻二・皇甫誕碑
13. 錢大昕『潛研堂金石文跋尾』巻四・皇甫誕碑
14. 武億『授堂金石跋』・隋皇甫誕碑
15. 王昶『金石萃編』巻四十四・皇甫誕碑
16. 錢泳『梅溪居士縮臨唐碑題跋』皇甫誕碑
17. 趙紹祖『古墨斎金石跋』巻三・唐立隋桂國皇甫誕碑
18. 洪頤煊『平津讀碑記』巻四・左光禄大夫皇甫誕碑
19. 張廷済『清儀閣金石題識』巻二・皇甫明公碑
20. 王志沂『関中漢唐存碑跋』弘義公皇甫誕碑
21. 梁章鉅『退菴金石書畫跋』巻四・皇甫誕碑
22. 何紹基『東洲艸堂金石跋』巻五・跋張星伯藏皇甫君碑宋拓本
23. 朱士端『宜禄堂金石記』巻二・唐皇甫君碑
24. 陸増祥『八瓊室金石補正』巻三十四・左光禄大夫皇甫誕碑
25. 毛鳳枝『関中金石文字存逸考』巻一・隋弘義明公皇甫誕碑
26. 呂世宜『愛吾廬題跋』皇甫誕碑跋
27. 李佐賢『石泉書屋金石題跋』跋歐書皇甫碑
28. 羅振玉『雪堂金石文字跋尾』巻四・皇甫明公碑跋

以上の諸金石著録の記述はおおむね、事柄の考証に主眼を置いたものであり、ほとんどは校碑に関するものではない。

3

そこで、校碑については定評のある先行研究から次のとおり原文と訳

第3章　古典作品の基礎的研究

文を掲げる。
 A. 王壯弘『増補　校碑随筆』（上海書画出版社、1981）
 B. 張彥生『善本碑帖録』（中華書局出版、1984）
 C. 馬子雲・施安昌『碑帖鑑定』（廣西師範大學出版、1993）

『増補　校碑随筆』原文

　　見最舊拓本、首五行僅隱約有裂紋可見。四行車服「車」字完好。十二行「時絶權豪」之「權」字「雚」部首點完好。十三行「尚書右丞」之「丞」、十五行「繡衣」之「衣」、皆完好無損。

　　宋拓本裂紋較明顯、且延至七行。五行「車」字未損、十行「府司」之「司」字「口」部未損、廿二行「參綜機務」之「務」字未損。宋末拓以上所舉諸處皆泐、裂紋益明顯、且延至十一行。首行「碑」字、雖當裂處而筆劃未損、末行「敺」字雖尚未挖成「毆」。後裂紋通穿至末行、「碑」字仍未損、世稱線斷本。繼則裂紋增粗、「碑」字漸損。明嘉靖間碑斷、斷處損廿餘字。斷後初拓本、十五行「丞然」之「丞」字末筆完好。清初拓本、十九行「黼黻為文」等字皆完好。較晚拓少損百餘字、次則「三監」之「監」字未全損。若廿二行「公無逸以爲邢」等字未損者也、稍舊拓本。

　　見前人跋此刻裂斷先後情況甚詳、僅録如下。北宋拓本第一行「碑」字已有一極細線紋、貫第二行於第三行「葉抗」、四行「表其」、五行「闕曜」二字間止。稍後者貫至七、八行「匡」字處、又貫至九行、十一行、次則貫至第十四行「何以加焉」之「以」字止、是皆未斷以前拓也。所謂線斷者、由首「碑」字通至末行「馬」字、裂如一線、而字無一損者、蓋嘉熙間碑墮地時由原有細紋震裂後所拓者也。至嘉靖間、亭圮碑斷而爲二、裂斷處每行損一、二、三字不等、十五行末「尚書」下「丞」字下無石花。

　　見重刻本大多無裂紋、也無石花。全碑一字不損、字劃纖弱。別有翻刻已斷本、字口石泐皆人工椎鑿極不自然、字劃更是痴肥不堪入目、比類刻本極易辨認。

影印本

　有正書局珂瓏版印字略縮小、趙聲伯藏宋拓本裂紋僅見首五行、惜缺字甚多。

　日本博文堂珂瓏版印宋拓「務」字未損本、王懿榮、劉鐵雲遞藏、拓印皆精。此册有正書局有石印本、中華書局有金屬版印。文明書局有珂瓏版印本、增翁跋二則從別處移來。

　日本二玄社《書迹名品叢刊》輯入未斷本「務」字已損。

愛儷園《慈淑樓叢帖》輯入、珂瓏版印清初拓本、有移補描塡。後曹・翁等人跋皆僞。

　南務印書館珂瓏版印《宋拓皇甫君碑》翻刻本

　藝苑眞賞社珂瓏版印《宋拓皇甫君碑》翻刻本

訳文

　最旧拓本を見ると、冒頭の五行の間にかろうじてかすかに碑の裂紋を見ることができる。四行車服の「車」字が完好。十二行「時絶權豪」の「權」字の「雚」の首点が完好である。十三行「尚書右丞」の「丞」字、十五行「繡衣」の「衣」字は、皆な完好で欠けたところがない。

　宋拓本の裂紋はややはっきりしているが、その上延びて七行に至っている。五行「車」字未損。十行「府司」の「司」字の「口」部は欠けていない。二十二行「參綜機務」の「務」字は欠けていない。宋末拓は以上にあげたもろもろのところは皆な欠けている。裂紋はいよいよ明確になり、かつ延びて十一行に至っている。首行の「碑」字は、裂所にあたっているが筆画は欠けていない。末行「甌」字は損しているけれども（後人が）掘って「毆」と改刻していない。後に裂紋は貫通して末行に至っているが、「碑」字はなお損していない。世間ではこれを線断本と言っている。これに次ぐものは、裂紋がますます太くなり、「碑」の字が漸く損するようになる。明嘉靖年間に碑は折断して、断裂したところの二十余字が欠損した。断後の初拓本は、十五行「丞然」の「丞」字の末筆が完好である。清初拓本は、十九行「黼黻爲文」等の字は皆な完好である。やや晩拓本では百余字がいささか損している。これに次ぐもの

は「三監」の「監」字はまだ全損していない。もし二十二行「公無逸以爲邢」等の字で欠損していないものは、やや旧拓本である。

　前人の跋文を見るとこの刻の裂断前後の情況が甚だ詳しくわかる。わずかに録すと以下のごとくである。北宋拓本は第一行「碑」字にすでにごく細い線紋が一本ある。第二行を貫き第三行「葉抗」、第四行「表其」、五行「闕曜」二字の間で止まっている。やや後には七・八行「匡」字のところまで貫き、またあるものは九行を貫いて十一行に至っている。さらに後には第十四行「何以加焉」の「以」字を貫いて止まっているが、これらはみな未断以前の拓である。いわゆる線断本は、首行「碑」字より末行「馬」字まで通っており、裂け目は一直線のごとくである。しかしながら、字に一つも欠けるものはない。思うに南宋の嘉熙年間に、碑が地上に堕ちて、その時、もともと細紋があったものが、地震でそこに亀裂が入った後に椎拓したものなのである。嘉靖年間に至って、碑を覆っている碑亭が懐れ、碑も断裂して、二つになったのである。断裂したところは行ごとに、あるものは一字、あるものは二字、三字と欠損しており、欠損した字数は行によりまちまちである。十五行末の「尚書」の下「丞」字は石花（欠損部）が見られない。

　重刻本を見ると、大概裂紋はなく、欠損したところもない。碑の全体には一字の欠損はなく、字画は弱々しい。また別に翻刻の已断本がある。字口（文字の彫り際）や石が裂けたところは、いずれも人工的な椎刻のようで、きわめて不自然である。字画はいっそう拙くてそのうえ太く、見るに堪えない。これらの類の刻本はごく見分けが容易である。

　有正書局のコロタイプ版の活字はほぼ縮小しているが、趙声伯蔵の宋拓本で断裂紋はわずかに初めの五行に見え、欠字が甚だ多いのが惜しまれる。

　日本博文堂のコロタイプ版本は宋拓の「務」字未損本である。王懿栄、劉鉄雲に順次伝えられた、拓調のすぐれたものである。この拓本は、有正書局の石印本があり、中華書局の金属版がある。文明書局のコロタイプ印本は、翁（方綱）の跋の二条を別のところから移してここに

はめ込んでいる。

　日本二玄社『書跡名品叢刊』に収められているのは未断本であるが「務」字已損本である。

　愛儷園『慈淑楼叢帖』に収められている、コロタイプ版の清初拓本は、補ったり塡墨したりしているところがある。後ろの曹・翁（方綱）らの跋文はみな偽物である。

　商務印書館のコロタイプ本『宋拓皇甫君碑』は翻刻本である。

　芸苑真賞社のコロタイプ本『宋拓皇甫君碑』は翻刻本である。

『善本碑帖録』原文
　正書、廿八行、行五十九字。額篆書三行十二字。
　于志寧制、欧陽詢書。陰刻宋覆唯識記大字。唐貞観初、民部尚書滑国公無逸追建。
　碑原在陝西咸寧鳴犢鎮墓前、不載何時移入長安文廟、與廟堂碑左右対立、今在陝西省博物館。
　傳世拓本最舊拓爲趙世駿舊蔵本、趙氏考長跋于后。十六行綉衣、衣字、十二行尚書右丞、丞字完好、称北宋早本。所知只此本、今不知所在、傳有印本。
　其次稱北宋拓本、廿二行参綜機務、務字完好、又五行車字、十行総管府司、司字口完好、十八行楊字、廿三行表字等完好。碑首行当碑字處有横細線斷紋、最多至七行、当斷處字完好。因拓墨濃淡関係、有三行、五行、七行斷紋不等。
　世称南宋拓、務字損、斷紋十行左右、碑字当斷處、斷紋粗不傷字口。明初碑斷紋漸發展、全碑横斷通、明中拓漸斷、寛至半分、一分、但無大傷字。
　明末万暦間地震、碑折斷、斷處約傷及廿余字。碑斷数行、與斷通本比較、損字很少。
　碑斷裂後、明末清初拓本、十六行丞然并州、丞字下横筆完好、漸與下然字泐連。

雍、乾拓本、二行末勢重三監、監字完好、十六行丞然二字泐連、不大損。嘉、道間二行監字漸損、十六行丞然二字處、漸泐一大洞、稍舊拓廿二行滑國公無逸二字完好。近拓丞然處泐損百數十字。

所謂北宋拓、務字完好、現存多本。羅振玉在日本印本最有名、墨過濃。明党氏本左上殘、字不欠、蒯氏本明裝原冊帰北京市文管處、呉湖帆本帰上海博物館、拓本乾隆御印新裝整潔。又見故宮蔵二本均佳、張氏帰文管處本配一開等、很多本。有正印本最舊、清内府王澍跋本、務字不損本、印本很多。

訳文

正書、二十八行、行五十九字。題額は篆書で三行十二字に書してある。

于志寧が撰文、欧陽詢が書丹した。碑陰には宋刻の「復唯識記」の大字が刻してある。唐貞観の初め、民部尚書滑国公であった皇甫無逸が追建した。

碑はもともと陝西省咸寧の鳴犢鎮の墓前にあったが、いつの頃長安の文廟に移入されたかは文献に記載されていない。廟堂碑と左右に相対して置かれている。今は陝西省博物館にある。

伝世の拓本の最旧拓は趙世駿旧蔵本であり、趙氏の考証は後ろに長く跋されている。十六行「綉衣」の「衣」字、十二行「尚書右丞」の「丞」字が完好であり、北宋早本と呼ばれる。北宋早本は、知るところではこの拓本だけであるが、今はその所在は不明で、ただ印刷本が伝わっている。

その次に北宋拓と呼ばれるのは、二十二行目の「参綜機務」の「務」字が完好で、五行目「車」字、十行目「総管府司」の「司」の字の口部が完好であり、十八行目「楊」字、二十三行目「表」字等が完好である。碑首行の「碑」字にあたる所から横へ細線の断紋があり、最大七行目に至っているが、断裂している箇所の文字は完好である。そのことは拓墨の濃淡が関係していて、三行までのこともあり、五行、七行と断紋はまちまちである。

第3節　皇甫誕碑の校碑

　南宋拓と称するものでは、「務」字は損し、断紋は十行の前後に及び、「碑」字の断裂したところにあたるところは、断裂紋は太いものの字口を傷つけていない。明初に碑の断紋はだんだん進み、碑の全体に横断貫通し、明の中期拓はようやく断たれて、断紋の幅は1/2分から一分に達しているが、大きく傷ついた文字はない。

　明末の万暦年間に地震があり、碑は截断した。截断箇所ではほぼ損傷した文字が二十余字に及ぶ。碑の断裂した数行は断通本に比べて、欠損した文字は少ない。

　碑が断裂した後、明末清初拓本では、十六行目の「丞然并州」の「丞」字の下横画が完好である。しだいに下の「然」字とくずれて連なっていく。

　雍正、乾隆拓本では、二行目の末字「勢重三監」の「監」字が完好であり、十六行目「丞然」二字がくずれてつながっているが、大きく損しているわけではない。嘉慶・道光年間の拓では、二行目「監」字がしだいに損し、十六行目「丞然」二字の箇所は、しだいに大きな穴になってくずれている。やや旧拓では二十二行「滑国公無逸」の「無逸」二字が完好である。近拓本では、「丞然」の部分から百数十字がくずれている。

　いわゆる北宋拓では、「務」字が完好で多くの北宋拓が現存している。羅振玉が日本で印行した影印本が最も有名であるが、墨が濃過ぎる。明の党氏本は左上が残っており、文字は欠けていない。蒯氏本は明の表装の原冊で北京市文物管理局の所蔵、呉湖帆本は上海博物館の蔵。その拓本には乾隆帝の御璽があって、新しい表装で整ってきれいである。また、故宮博物院蔵の二本を見たがどちらも良い本である。張氏本の文物管理局に帰した本は一開多く配しており、印行本が大変多い。有正書局の印行本は最旧拓本である。清朝内府にあった王澍の跋本は、「務」字は不損本で、印行本はたいへん多い。

『碑帖鑑定』原文

　于志寧制、欧陽詢書廿八行、行五十九字。篆額陽文十二字。原在西安

文廟、今在碑林。碑文内無年月、据前人考之、爲高祖武德時、又有謂貞觀初立、此碑宋時尚在咸寧鳴犢鎭（距藍田数里）、碑陰宋皇祐三年（一〇五一）刻「復唯識廨院記」。碑側原刻花紋、宋時右側已刻題名。以後移至西安府学文廟。明万暦十六年（一五八八）余君房督学作亭覆之、至二十四年亭記、此碑中斷、損数十字。

北宋拓本、首行自「碑」字起至八行「迭」字止、已有極細之文一道、以下無之。廿二行「參綜機務」之「務」字完好。銘詞完好、全碑除少数者稍損外、所余者均完好。南宋拓「參綜機務」之「務」已泐。三行「于當時」之「當」字未損、六行「文璠」之「璠」字中稍損而未泐、七行「孝窮」二字未損、八行「匡救」之「救」字未損、又「藝嚢」之「嚢」字未損。明初拓以上五字均損泐。其他字雖未損、然精神差矣、明中期自首行「碑」字起至末行第四十八字止、有細紋一道謂之線斷本。以後圧斷複立已損廿餘字、然「尚書左丞然幷州」之「丞然」二字未損、謂之「丞然」本。

至清初「丞然」二字已損連、惟二行「勢重三監」之「監」字未泐。謂之「三監」本。此時欧陽詢書等字已剜。如七行「居眞体道」之「眞」字未損。廿一行「性命軽於鴻毛」之「命」字撇筆未損、則爲眞「三監」本也、否則爲偽本。以後嘉道間廿二行「滑國公」之「公」字與「無逸以爲邢」之「無」字均未泐謂之「無逸」本。有翻刻本、一爲李氏、一爲裴氏。清道光後「無逸」等已泐、此碑泐作一孔、是自六行「渤海」字下至廿一行「冲襟」字下、『校碑随筆』誤作十一行至二十行。

北宋拓本、故宮蔵二本、一爲朱幼平舊蔵、又見張效彬一本、蒯若木一本、梁啓超一本、惟梁氏本最精。

訳文

于志寧が撰文し、欧陽詢の書丹。二十八行、毎行五十九字、篆額は陽文十二字に書かれる。もともとは西安の文廟にあったが、現在は碑林にある。碑文内に年記がなく、前人の考証では、高祖の武徳年間とするものや、貞觀の初めに建立されたとするものがあるが、この碑は宋代にはまだ咸寧鳴犢鎭（藍田から数里のところ）にあった。碑陰に宋皇祐三年

第3節　皇甫誕碑の校碑

（1051）「復唯識廨院記」と刻されている。碑の側面にはもともと花紋が刻され、宋時には右の側面にはすでに題名が刻されていた。以後西安府学文廟に移管された。明の万暦十六年（1588）余君房督学が碑亭を作ってこの碑をおおい、同二十四年になって亭記を作った。この碑はまん中に断裂し、数十字が損傷した。

　北宋拓本では、首行「碑」字より八行「迭」字まですでにごく細い線が一本あるがそれより後には無い。二十二行「参綜機務」の「務」字は完好である。「銘詞」も完好で、全体として少数の字がやや損する以外は、ひとしく完好である。南宋拓は「参綜機務」の「務」字がすでにくずれている。三行目「於当時」の「当」字が未損、六行「文璠」の「璠」字の中がやや損するも全体はくずれていない。七行「孝窮」二字が未損。八行「匡救」の「救」字未損。また「芸嚢」の「嚢」字が未損である。明初拓では、以上の五箇所の文字がひとしく損泐している。その他の字はまだ損していないけれども、生気に乏しい。明中期の拓で首行「碑」字より末行の第四十八字まで一本の細紋があるものを線断本という。その後、断裂してまた立て直したがすでに二十余字が損傷していた。しかし、「尚書左丞然并州」の「丞然」二字が未損であるものを「丞然」本という。

　清初の拓では「丞然」二字はすでに損してつながっている。ただ二行目「勢重三監」の「監」字はまだくずれていない。これを「三監」本という。この時、「欧陽詢書」などの字はすでにえぐられていた。七行「居真体道」の「真」字は未損である。二十一行「性命軽於鴻毛」の「命」字のはらいは未損であるならば、それは本当の「三監」本である。そうでなければ偽本である。以後、嘉慶道光年間になると二十二行「滑国公」の「公」字と「無逸以為邢」の「無」字がひとしく未泐で、これを「無逸」本という。翻刻本には李氏のもの、裴氏のものがある。清の道光以後は「無逸」等の字はすでにくずれ、ここでこの碑のくずれは一つの穴となった。それは六行「渤海」字の下から二十一行「冲襟」字の下に至るまでであるが、『校碑随筆』は誤って「十一行から二十行まで」

157

第3章 古典作品の基礎的研究

としている。

　北宋本としては、故宮に二本が蔵されているが、一本は朱幼平旧蔵である。また、張効彬本、剕若木本、梁啓超本があり、梁氏本が最も精良と言える。

4

　これらの著録には、拓の新旧に関してほとんど異同は認められず、見解は一致している。その記述をまとめると表1のようになる。明時代における碑の截断については、嘉靖年間なのか万暦年間なのか、ABで相違があるものの、文献を精査しても確証は得られない。
　念のため記述の要点をまとめると次のとおりである。
①最旧拓は、二十二行「参綜機務」の「務」字が未損。
②明時代の拓は一行「碑」字が未損。
③明時代、碑の截断後は「碑」字をはじめ二十数字が失われるが、十三行「丞然」の「丞」字の最終画は未損。
④清時代初期の拓は、二行「三監」の「監」字が未損。
⑤清時代中葉以後の拓では、①〜④唄は損するが、二十二行「無逸」の二字は未損。ただし道光以後の拓ではこれも無くなってしまう。

5

　次に、筆者の過眼した拓本の図版を用いてこの点を見ていこう。ここにあげるのは、a―二玄社「書跡名品叢刊」本[3]、b―個人蔵本（研室蔵本）、c―個人蔵本の3種である。
　先にまとめたA〜Cの3書が述べる要点について、図版を見ながら確認していきたい。まず①について。「務」字はabc三本ともに欠損しており、北宋時代の最旧拓とは言えないことがわかる。（図1）
　②「碑」字を見ると、aは残るがbcでは欠損しており、明時代の截断を境として分けられる。ここでaは南宋〜明初拓と推察される。（図2）

第3節　皇甫誕碑の校碑

表1　ABC記述対照表　（　）内は行数を示す。

	A『増補校碑随筆』	B『善本碑帖録』	C『碑帖鑑定』
宋	（最旧拓） ・車字完好（5） ・権字の旁の点完好（12） ・丞字完好（13） ・繡衣の衣字完好（15） （宋拓本〜宋末拓まで） ・裂紋七行まで ・車字未損（5） ・府司の司字の口未損（10） ・参綜機務の務字未損（22）	（最旧拓…趙世駿旧蔵本） ・繡衣の衣字完好（16） ・丞字完好（12） （北宋拓） ・参綜機務の務字完好（22） ・車字完好（5） ・府司の司字の口完好（10） ・楊字完好（18） ・表字完好（23） ・細線断紋は七行目まで至る （拓の濃淡の関係で3行・ 5行・7行と断紋不等） （南宋拓） ・務字損す ・断紋は十行まで	・碑字あり ・務字あり（無いのは南宋拓から） ・当字未損 ・文璠の璠字やや損すが未泐 ・孝窮二字未損 ・匡救の救字未損 ・芸嚢の嚢字未損
明	・裂紋十一行まで ・碑字筆画未損（1） ・欧字改字（48） ・後裂紋末行まで穿つ ・碑字未損（線断本という） ・碑字漸損 〈嘉靖年間断碑〉廿余字損す ・丞字末筆未損（断後初拓本）	（明初拓） ・断紋漸次発展し全碑を断通 （明中期拓） ・漸断 〈明末萬暦年間地震で碑截断〉 ・廿余字傷 ・丞字横画完好（漸次然字と泐連	・明初拓以上はこれらの5字が等しく損泐 ・明中期以降は碑字から末48行まで細い線（線断本という） ・丞然二字未損（丞然本という）
清初	・齠齔為文完好（19） ・三監の監字未損	（雍正・乾隆拓） ・三監の監字完好（2） ・丞然二字泐連（大きくは損せず）	・丞然二字損連 ・三監の監字未泐（三監本という） ・欧陽詢等の字はすでにえぐられている ・7行貞字未損 ・性命の命字のはね未損
清中葉以後	・公無逸以為邢字等未損（22）	（嘉慶・道光間拓） ・監字漸損 ・丞然二字は漸泐し一大洞となる ・無逸二字完好（22） （近拓本） ・百数十字を泐損す	（嘉慶・道光間拓） ・滑国公の公と無逸の無字未泐（無逸本という） （道光以後） ・無逸已に泐す

159

第3章　古典作品の基礎的研究

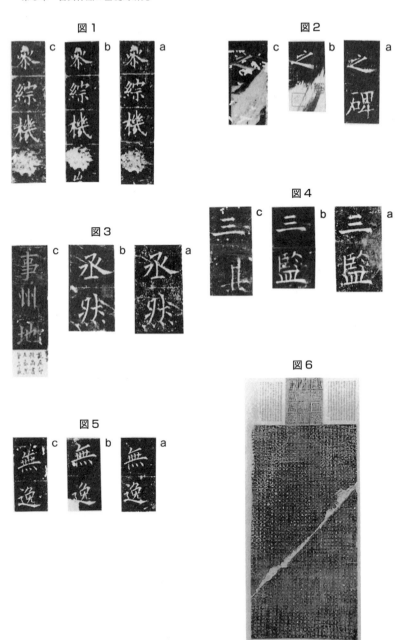

③aはもちろん完好であるが、bでも「丞」字の最終横画がきれいに見えている。このことによって、Aの言う明時代の「断後初拓本」であると考えられよう。cでは「事」字以降の「丞然」を含む数字が失われていることがわかる。(図3)

④清初拓の目安という「三監」の「監」字についてcを見ると、失われており、清時代中葉以後の拓と判断される。abではもちろん完好である。(図4)

⑤清中葉(道光以前)の目安である、「無逸」については、abcともに完好であり、c本はこの頃の拓であると推察される。ただc本では塗墨が随所に施されており、この部分も例外ではないと思われる。(図5)

6

なお、「研室蔵本」には莫祁による次の跋文が加えられているので原文と訓読をあげておく。

此碑諸家録之詳矣。風行既久。氊槌日施至今日。不知刓鑿幾番。復此本帋墨甚舊。決爲國初拓本。雖經刓損。而原善字尚七八。余所見舊拓。除呉氏細綾斷本。其餘通行。所謂三監本者。其腴潤處。神采精勁均不及一二。誠罕覯之本。若概以三監目之。斯看矣。

光緒辛卯初冬獨山莫祁識于須曼邸室

訓読

この碑は諸家のこれを録すこと詳かなり。風行既に久しく、氊槌日に施すこと今日に至るも、刓鑿幾番なるを知らず。復たこの本の紙墨甚だ旧なり。決して国初拓本と為す。刓損を経るといえども、原(もと)の善字尚お七、八なり。余の見るところの旧拓は呉氏紬綾断本を除き、その余は通行す。いわゆる三監本はその腴潤のところと神采精勁なるところは均しく一二に及ばず。誠に罕覯の本なり。概するに三監をもってこれを目するがごときは、これ盲なり。

光緒辛卯初冬、独山莫祁、須曼那室に識す。

第3章　古典作品の基礎的研究

注

(1) 萩信雄「欧陽詢の官銜と碑の建立年」(『中国法書ガイド』29、二玄社、1989)に詳しい。

(2) 『北京大學圖書館藏歴代金石拓本菁華』文物出版社、1998よりその整本を掲げる(図6)。

(3) 『皇甫誕碑』(原色法書選4、二玄社、1985)および『皇甫誕碑』(中国法書選29、二玄社、1989)は、いずれも「名品叢刊本」と同様の、高島槐安旧蔵、東京国立博物館本を収載している。

第4節　争坐位文稿拓本考異

はじめに

　7紙に書かれたとされる顔真卿筆「争坐位文稿」真蹟は、「長安の富豪、安師文が所蔵ののち、その子二人が分蔵していたが、徽宗の内府に入った。しかし、その後の伝来は知られない」[1]と言われ、現在に伝わっていない。「現行の争坐位文稿はみな刻帖で、関中本がもっとも流布しており、原石はいまも西安碑林に置かれている」[2]のとおり「宋代に長安で刻石され」[3]た関中本の拓本が最も広く流布し、われわれが手にする拓本のほとんどがこの刻本である。もっとも、この関中本も真蹟どおりであるかについては疑問視されている。

　本稿で取り上げる問題は、拓の優劣の尺度としてしばしば使われる本文3行目「右僕射」の「右」字の「口」部及び、53行目「出入王命」の「出」字部の塡墨や塗墨に関わるものである。例えば、「中国嘉徳二〇〇六秋季オークション」[4]における出品目録にも、優劣の尺度として「右字の口部は基本的に完好であるが、口の内部は欠損している。「出字の筆画は已に渺し粗くなっている（「出」字については、北宋時の拓本は比較的細かく、明時代の拓に至っては欠損する）が全損はしていない。」の解説が見える。したがって出品している拓本は「金元間の拓本」だと謳っているようにみえる。

　王壮弘の『増補校碑随筆』等の著録では、拓本の欠損部によって新旧を決める傾向が見られるのは周知のとおりであり、より欠損の少ないものを旧い拓とするのは一般的な見方である。ところが、「争坐位文稿」拓本では、「「明拓」「宋拓」と称せられる旧本は塡墨や塗墨されたものが多く」[5]この傾向の通用しないところがありそうである。管見の及ぶ

範囲の拓本図版をもとに、「右」「出」字を比較し、若干の私見を述べてみたい。

1

顔真卿（唐・景龍3～貞元元年、709～785）「字は清臣、諡は文忠。本貫山東・臨沂であるが、五世の祖顔之推より陝西万年県に僑居した。平原太守となったので顔平原、魯郡開国公に封ぜられたので顔魯公とも呼ばれる。開元22年（734）の進士で、宰相楊国忠に憎まれ、平原太守に左遷された。安禄山の乱（755）に、河北で義兵を率いて抵抗し、唐中興の機縁を果たした」（西林昭一『中国書道文化辞典』柳原出版、2009）。のち、「百官ひとしく色をなす中を、顔真卿は畏まって命を受け」[6]、李希烈の乱に際して盧杞のわなにより縊殺される。その生涯は「剛直」をもって貫かれたのである。

「争坐位文稿」は、代宗の広徳2年（764）に、「顔真卿が右僕射郭英乂に差し出そうとした書簡の草稿で、56歳時の作である。内容は、朝廷における百官集会の席次を、郭英乂が、当時その権勢は朝野を覆ったという宦官の魚朝恩に諂って枉げ、古来の礼制を紊したことに対する抗議文」[7]である。全文1295字。

「王羲之以来の伝統的な書派に対して、別に一旗幟を立てる革新的な書派の先駆者」[8]として顔真卿の名を一層高めているのは、「蚕頭燕尾」と言われる楷書の独創性が大きいが、米芾が柳公権と「醜怪悪札の祖」（『海岳題跋』）と並列して蔑視する楷書に対し、その行書についての評価が高いのは衆目の一致するところである。「争坐位文稿」「祭姪文稿」「祭伯文稿」が行書の代表作にあたり、「三稿」と称されている。中でも「争坐位文稿」は、「篆籀の気ありて、顔の傑思なり」との米芾の評が示すとおり、以後、行書の基本法帖として定着している。

本稿で取り上げる塗墨の問題がどうであれ、「争坐位文稿」の書道史的価値が変わるわけではない。

2

　本稿で取り上げる拓本図版は次の6種。それぞれの数字を図版に付している。

①中国国家図書館蔵本
②上海図書館蔵本
③東京国立博物館蔵本
④三井文庫蔵本
⑤藤井有鄰館蔵本
⑥五島美術館蔵本（宇野雪村旧蔵本）
⑦個人蔵本（研室蔵本）
⑧個人蔵本（書跡名品叢刊本）

　ここで、題簽や跋等によって、各本の評価（時代的評価）を明らかにしておこう。

①宋拓…「宋拓顔魯公争坐位帖」と題簽あり。
②宋拓…「宋拓顔魯公争坐位帖」と題簽あり。
③旧拓…「拓本　三館同時開催による名品展」展示品目録より。
④明拓…「諸家の説に照らせば、明拓である」中国法書ガイド41、
　　　　p.15
⑤旧拓…王鐸による長跋があり、よって、明以前の拓と推測される。
⑥宋拓…「宋拓顔魯公争座位帖」と題簽あり。
⑦明拓…「顔平原争坐位帖　明拓本」と題簽あり。
⑧近拓…「手許にある拓本は勿論明拓などという代物ではないが、な
　　　　まじいな舊本より拓がよいだけに……」と巻末に伏見冲敬の
　　　　解説あり。

　次に、各本の問題箇所を図版で掲げる。

第3章　古典作品の基礎的研究

「右」字「口」部の欠損部を見ると、①②⑦については欠損していない。③および④は、ほぼ同じ欠損の形状が見える。また、⑤⑥⑦もほぼ同じ形状で欠損している。「出」字については、⑤および⑥の図版が入手できず、傾向をまとめることができないが、③および④はほぼ同じ形状の欠損が表れている。

まとめると、欠損の比較的少ない①②⑦のグループと、③④とを時代の新旧で比較するとき、その違いはほとんどない。また、⑧は近拓と考えられるはずが、旧拓の⑤⑥とほぼ同じ形状の欠損を有する。どうやら、並列すると欠損部の形状と拓本の新旧には一貫性は見られないようである。

3

『金石萃編』には歴代の「争坐位文稿」に関する著録が網羅されているが、当該の欠損部についての記述は見あたらない。また、拓本鑑定の際にしばしば依拠される方若『校碑随筆』および王壮弘の『増補 校碑随筆』には、「争坐位文稿」の項目が立てられていない。恐らく法帖ということから省かれているのだろう。

また、馬子雲の『碑帖鑑定』にも項目がない。その他、国内外の近著に目を転じても何故かこの箇所に触れられたものがない。前掲伊藤滋も「五行目から九行目にかけて斜めにある石損痕」についてのみ触れるに止めている。

かろうじて、張彦生著『善本碑帖録』に次の記述がある。その一部を訳出してみよう。

> （前略）宋拓本においても三行目「右僕射」の、「右」字の口が完好であるものは見あたらない。南宋拓本を見ると五十三行目の「出入王命」の、「出」字の筆画が完好で、全体に字口の鋒芒がきれいにそろっている。紙墨の拓もまたよろしく、後に何子貞による小字の長い跋がある。現在上海博物館に収蔵されている[9]。また、明代万寿国蔵本は、李日華、董其昌ら多くの跋があるが、出字は欠損し

ている。また、明代の戯鴻堂帖、及び玉虹鑒真帖等の重刻本は、出字が欠損している。この帖は陝西本の明拓本が多く、明末清初拓本は五十二行目の、「冠」字の首点が完好で石花と連なっていない。また、乾隆、嘉慶本は九行目の「閣名」の「名」字が欠損せず、完好であり、石花がない。この帖の原石は精緻な材質を精選して刻しているため、新旧で変化が甚だ少ない。但し明末清初拓本は石面が細く、石花が少ないが、字画はふっくらとしている。清末拓本は、石面に多くの細い石花が見られるようになり、字画は次第に細く瘦せている。（後略）（傍点筆者）

このように張彦生は、「出」字の完好本はあるものの、「右」字「口」部が完好の拓本は存在しないことを指摘している。掲出の図版を見ても、かなりの濃さで採られたと思われる拓本ばかりで、淡墨のいわゆる「蟬翼拓」は見あたらない。①②⑦のごとく「口」部を塗墨した拓本は多数存在し、このことが拓の新旧を判断する根拠とはならないのである。「出」字についても同様のことが言えるであろう。また、「新旧で変化が甚だ少ない」ことは、旧拓本である⑤⑥と、近拓本である⑧を比較しても違いが明らかでないことからも頷ける。

おわりに

以上をまとめると次のことが言えるであろう。本拓本の新旧を判断する目安として、古くから、3行「右」字の「口」部欠損状況の把握がある。伝わるところによれば、「口」部完好を宋拓とするのであるが、金石学初期の著述である、宋・趙明誠の『金石録』に、その事に関する記述は見えず、いつ頃からか、人口に膾炙されるようになったのであろうか。

ただし、拓本の鑑定家として著名な張彦生は、多くの旧拓を過眼した結果、「口」部完好のものは見あたらず、全ては塗墨本であると述べている（『善本碑帖録』p.211）。恐らくは真の「右」字完好本は伝わらないのであろう。特に濃墨拓本は全体の仕上がりとして、墨を重ねるの

第4節　争坐位文稿拓本考異

で、塗墨して旧拓に擬装しやすいと思われる。

なお、⑦研室蔵本には、次の跋がある。金石学者として著名な張廷済の語を録し、つづけて、楊澥（龍石）の長跋があり、本帖がいかに士大夫に愛玩されたかが理解できる。

> 魯公の坐位帖の書法は、傀異飛動す。宋の蘇米四家此の津(しんよ)に従らざるは無し。其の刻に逮(およ)ぶに関中を以て最と為す。当に即ち安氏の真蹟に従(よ)りて模取せる者なるべし。国学本・戯鴻堂本は皆な千里に毫釐す矣。此の冊は数百年の旧拓に係わる。又た楊可師の題識を得たり。儻(も)し貞珉に覆入するを得ば、応(まさ)に俚刻に勝ること倍万ならん。朩未（張廷済）跋す。

> 右の跋、一は先哲大瓢先生と為し、一は前輩朩未先生と為す。跋する所の帖は、舜水王氏二宜堂に蔵す。王氏従り借りて此に録す。去冬海昌に客たり、此の帖を獲たり。字裏行間を細玩するに、精彩煥發たるも、装を割裂するは惜しまる。審らかに明拓と為すも、其の実は宋拓と較ぶるに、亦た多く譲る無し焉。近年酷耆し、古碑上に善本有るを見れば、即ち嚢を傾けて収置す。数年前、一本を得たり。王慧音旧蔵の物と為す。乙酉の冬に家に帰せり。辛甫の紅梨庵中に客たるの歳、又た両本を得たり。此れ其の一也。半月前、張解元と二宜堂主人旭樓尊丈に遇い、其の先世遺せし所の碑版を出だし、評閲品量するを得たり。余適たま(たま)此の冊を行に携え、遂に二宜本と比較すること一過なり。既に両跋を録し、復た数語を識す。時に丁亥十一月廿六日、福庵の仏樓に寓帯し、燭を秉りて漏下二更に書す。龍石道人

注

(1) 西林昭一「祭姪文稿・祭伯文稿・争坐位文稿」『祭姪文稿・祭伯文稿・争坐位文稿』中国法書ガイド41、二玄社、1988、p.14

(2) 前掲書、p.14

第 3 章　古典作品の基礎的研究

(3)　『五島美術館所蔵　宇野雪村コレクション図冊』（財）日本書芸院、1998、p. 166
(4)　中国嘉徳二〇〇六秋季オークションカタログより
(5)　伊藤滋『游墨春秋』日本習字普及協会、2002、p. 55
(6)　足立豊「顔真卿と争坐位稿」『争坐位稿』書道技法講座 23、二玄社、1973、p. 91
(7)　西林昭一前掲書、p. 14
(8)　足立豊前掲書、p. 91
(9)　この拓は前掲の図版②に相当する。

参考文献

『金石萃編』石刻資料新編三、新文豊出版公司
杉村邦彦「顔真卿論」『書苑彷徨　第二集』二玄社、1986
『書論』第二十七号、特集　顔真卿とその三稿、書論編集室、1991
『唐　顔真卿　三稿』書籍名品叢刊、二玄社、1960
『祭姪文稿・祭伯文稿・争坐位文稿』中国法書選 41、二玄社、1988
『祭姪文稿・祭伯文稿・争坐位文稿』中国法書ガイド 41、二玄社、1988
『争坐位稿』原色法帖選 9、二玄社、1985
山崎大抱『争坐位稿』書道技法講座 23、二玄社、1973
伊藤滋『游墨春秋』日本習字普及協会、2002
上海図書館編『上海図書館蔵善本碑帖』上海古籍出版社、2005
『中国国家図書館碑帖精華』第八巻、北京図書館出版社
『五島美術館所蔵　宇野雪村コレクション図冊』（財）日本書芸院、1998

あ と が き

　2003（平成15）年に大学へと移り、高等学校の現場から離れた。とはいえ、大学の実習授業においても高校現場での経験を生かしつつ学習者主体の授業展開を意識し続けてきた。大学では教員養成にも取り組んでいるが、この5年の間に10名もの卒業生が書道教員として教壇に立ち、意欲的な実践を行っている。幸い助言の機会もある。
　現場から離れて10年以上が経過した今、第1章・第2章に提示した実践上の課題について、その後解決できたかというと、積み残しの問題も少なくない。
　まず、基礎力養成段階における「思考活動」の運用の点に関しては、現在でもその可能性を模索しているところである。前提として学習者へのトレーニングは必要で、日常的・習慣化の必要がある。臨書、創作等学習内容が異なっても、その都度この思考する場面を設定していくことが求められる。一言で思考といっても「多層的・多元的な見方や考え方」「多様な立場から意見を組み立てる」「発想の転換」など様々で、その方法について学習者へ提示できていなかったという反省がある。
　ともあれ、学習者自身が課題を発見し、思考し、まとめたことは、学習者の成長の原動力（基礎）となっていくに違いない。
　次に、学習過程における言語活動を中核に据えた主体的活動の展開という問題である。解決のためには、書道授業においても思考する場面を積極的に設定することの有効性を述べたが、「自ら考える」、「グループで考える」、加えて教室全体で「教師とともに考える」ことが解決の糸口になろう。深く考えるためには、「普遍的な問い」「本質的な問い」を提示する必要があろう。資料1に掲げるのは書道におけるその試案であるが、教師自らが問題意識を持ち、教材化していくこと、さらに、課題提示への工夫が求められていくだろう。

あとがき

資料1　教科全体を貫く「本質的な問い」（試案）

- 書の表現とはどんなものだろう。書道の楽しさや素晴らしさとは何だろう。
- 人生を豊かなものにするために、自分の生活に書をどう取り入れていったらよいだろう。

	A　表現	B　鑑賞
1. 漢字の書	①漢字の書体はどのような要因で変わっていくのか（書体の変遷）。 ②中国の書と日本の書はどのように違うのか（唐様の書、和様の書）。 ③漢字の書の表現ではどのような工夫が見られるだろう（用具用材、線質、全体構成）。	・この書は何を表現しているだろう。 ・漢字の書から伝わってくる印象とはどんなものだろう。
2. 仮名の書	①仮名はどのような要因で生まれたのか（仮名の発生）。 ②仮名の流動美の要因は何か（連綿、変体仮名）。 ③仮名は平安時代の貴族生活にどのように根ざしていたのだろう。 ④仮名の書の表現ではどのような工夫が見られるだろう（用具用材、線質、全体構成）。	・漢字の各書体や仮名（万葉仮名、草仮名、女手）はどのように発生してきたのだろう。 ・なぜ美しいと感じるのだろう（散らし書き、余白の美）。
3. 漢字仮名交じりの書	①なぜ漢字と仮名を交えて表記するのだろう（日本語表記の特色）。 ②良い字とはどのようなものか（文士の書など）。 ③自分の思いを書に託すことは可能だろうか（用具用材、線質、全体構成）。	・角張って画数の多い漢字と、丸みを帯び画数の少ない平仮名を交えて表記する時の効果は何だろう。 ・筆者の思いや表現意図が伝わってくるのはどこからだろう。
4. 篆刻・刻字	①印にはどのような役割があるのだろう。 ②作品の表現効果を高めるための印の押し方にはどんな工夫があるだろう。 ③石や木へ文字を刻すことと毛筆で書く書作品は違うのか。	・立体的な表現のおもしろさとはどんなものだろう。
5. 生活の書	①なぜ小筆や筆ペンを使うのだろう（礼儀作法、書式）。 ②室内に飾るにはどんな書がふさわしいだろう。 ③パソコンに行書のフォントが入っているのはなぜ（看板など身の回りの文字文化に着目） ④パフォーマンス書道はなぜうけるのか（社会と書道の関わり）。	・美しい字にはどのような共通点があるだろう。 ・手書き文字、活字にはそれぞれどのような良さがあるだろう。 ・身体表現と書表現の関わりとはどんなものだろう。

（谷口作成 2013）

あ と が き

資料2 「本質的な問い」と関連するパフォーマンス課題の例

―― パフォーマンス課題（例1）　1－③に関して ――

　あなたはA町にある公民館のたった一人の職員です。公民館には幅5メートルほどのささやかなギャラリーがあり、2か月間の予定で「九成宮醴泉銘の魅力」を紹介することにしました。展示のための予算は限られており、すべて自前で展示品を用意しなければなりません。地域へ協力を求め、展示品を作成しなさい。
　（コピーを切り貼りして実物大の整本拓本を作成、高校生に臨書作品を募って展示、解説パネルの作成など）

―― パフォーマンス課題（例2）　1－③に関して ――

　あなたは日本を代表する書道の大家です。最近作品がマンネリに陥り、新境地を切り開かなければなりません。そこで、「一字書」に取り組むことにしました。漢字一文字を魅力的な滲みで表現したいと考えました。美しいと思う滲みになるよう工夫し、まず、半紙へ試作品を作りたいと思います。グループで相談しながら試作品を制作しなさい。（用具・用材、墨色の工夫）

―― パフォーマンス課題（例3）　2－③に関して ――

　源氏物語（もしくは伊勢物語）の中に出てくる和歌をやりとりする一場面を選び、登場人物の気持ちや、やりとりの状況をイラストなどで紹介した台紙を作成し、それぞれの歌を書いた色紙（短冊）をその台紙に貼り付けて提出しなさい。
　（連綿、変体仮名、散らし書き、国語科との連携、学校図書館の活用）

―― パフォーマンス課題（例4）　5－③に関して ――

　あなたは大手旅行会社の広島支店で働く、売り上げ業績優秀な営業マン（ウーマン）です。先日、近隣のA町広報課から最近めっきり客が減り、このままではつぶれる旅館が出てきそうだから何とかして欲しいと相談されました。そこで、まずA温泉への「格安日帰り温泉ツアー」を企画し、参加者へは特典をもうけたいと考えています。その特典やツアーの金額を考え、参加者を呼びかけるA4判のパンフレットを作成しなさい。（筆文字の効果、パソコン、活字の効果など）

あとがき

　ところで、2013（平成 25）年から、書道教員になった卒業生とともに研究プロジェクトを立ち上げ実践を重ねている。「パフォーマンス課題（評価）」を設定し、実践しようとするものである。教員の一人は「ルーブリックを示すことにより、到達度が明確になり、生徒がきちんと認識できる。その結果、到達度に照らして何ができていないのか、どうすればよいのか生徒自身が考えることができ、自己学習力を高める事が可能となる」と言い、「現実に即した課題解決を通して、学習指導要領にも示される「生涯にわたり書を愛好する」態度や書を生活に生かす態度の育成に効果が期待できる」（谷口編『高校書道指導事例集』ニシキプリント（株））と、ルーブリックを活用した評価活動の活性化の可能性をあげた。また、教員の一人は、技能の個人のレベルにばらつきがあることをあげつつ「ワークシートの改善も試み、気をつけたいことの記述スペースを設ける。また、自己チェックリストを作成し、随時確認させるなど、改善方法を生徒自らが考えられるように工夫をしていきたい」と「チェックリスト（ルーブリック）」による評価活動の改善をあげている。

　このように、「ルーブリック」を作成し学習者へ示すことにより、学習過程における学習者の活動は目に見えて活発となり、学習者同士が考え工夫しながら活動できることを確認できてきた。卒業生の活躍を見守りつつ、今後も実践を継続していきたいと考えている。

　一方、2000 年ころから諸外国において、コンピテンシーや 21 世紀型スキルの検討がなされてきたが、近年では、グローバル化が一層進展し、「変化の激しい時代を生き抜く力の育成」が求められるに至った。具体的には「課題の発見・解決に向けて主体的・協働的に学ぶ学習」すなわち「アクティブ・ラーニング」（2014（平成 26）年 11 月、文部科学大臣が中央教育審議会への諮問「初等中等教育における教育課程の基準の在り方について」）の活用へ向けた取り組みが始まろうとしている。

　「アクティブ・ラーニング」とは教師による一方的な講義形式の教育とは異なり、学習者の能動的な学習への参加を取り入れた教授法・学習

あ と が き

法を指しており、これまでの主体的な学習を一層進めたものと解釈できよう。具体的には、グループ学習やディベート、ディスカッションといった学習形態を取ることが多く、ここまで積み重ねてきた実践に、そのノウハウが求められることとなるだろう。本書に収めた実践にもヒントのいくつかが見つかるが、教師のスタンスや役割は提案当時から変わっていない。

残された課題の一つに「鑑賞」活動への取り組みがある。学習者の感性を伸ばす原動力は本物を見る目だろう。これまではカリスマ的な教師の名人芸に本物を求めてきた部分が大きいと思われるが、本物の作品に触れ、感じたことを言葉にしながら皆で高め合っていけるような学習の場面を設定するなど、早急な改善が求められている。この点についても何らかの提案ができればと考えている。

本書は、2014（平成26）年度安田女子大学「出版助成費」の交付を受けて刊行するものである。助成金交付についてお認めくださった瀬山敏雄学長、脇本和則事務局長をはじめ、大学関係者の方々に謹んで謝意を表したい。

最後に、出版に際して様々な形でお力添えいただいた株式会社三省堂国語教科書編集部の八尋慈人さん、早川延子さんに心よりお礼申し上げます。

2015（平成27）年　春

谷口　邦彦

著者

谷口　邦彦（たにぐち　くにひこ）

安田女子大学准教授（文学部書道学科）

〔経歴〕
1960年広島市生まれ。筑波大学芸術専門学群書コース卒業、筑波大学大学院修士課程美術専攻書分野修了後、神奈川県公立高等学校教諭を7年間、広島大学附属中・高等学校教諭を8年間勤め、2003年より安田女子大学勤務。

〔共著〕
『新中国書道史年表──図説で学ぶ書の歴史──』財団法人日本習字教育財団、2011
『書の古典と理論』全国大学書道学会、2013

書道授業の実践的研究

2015年8月20日　第1刷発行

著　者	谷口邦彦
発行者	株式会社　三省堂　代表者　北口克彦
発行所	株式会社　三省堂
	〒101-8371　東京都千代田区三崎町二丁目22番14号
	（編集）03-3230-9411　（営業）03-3230-9412
	振替口座　00160-5-54300
	http://www.sanseido.co.jp/
印刷所	三省堂印刷株式会社

©Taniguchi Kunihiko 2015　　　　　　　　　　　Printed in Japan

落丁本・乱丁本はお取り替えいたします。　〈書道授業の実践的研究・176pp.〉
ISBN978-4-385-36346-2

Ⓡ本書を無断で複写複製することは、著作権法上の例外を除き、禁じられています。本書をコピーされる場合は、事前に日本複製権センター（03-3401-2382）の許諾を受けてください。また、本書を請負業者等の第三者に依頼してスキャン等によってデジタル化することは、たとえ個人や家庭内での利用であっても一切認められておりません。